綺麗的旅程

丘樹華◎著

推薦序

感恩與分享

第二次世界大戰後，各國透過不同途徑，推動國家發展，以求有效地脫離貧窮、改善人民生活、實施自由民主的政治制度、尊重人權及社會正義，中華民國當然是其中成功的國家之一。

從以往外交實務經驗中，奉派為國家爭取參與國際社會，無論是多邊及雙邊工作，與諸多國家外交人員互動（特別是當年到日內瓦設處，參與爭取成為世界衛生大會WHA觀察員）時，得到很清楚的訊息：臺灣外交處境確實至為困難，但是臺灣能夠成功地發展進步，其亮麗的表現殊值欽敬。就舉二〇〇〇年九月聯合國一百八十九個國家領袖在千禧年高峰會所擬〈千禧年宣言〉，制訂「千禧年發展目標」（Millennium Development Goals），期待在二〇一五年達八項發展目標（一、消除極端貧困與飢餓；二、普及初等教育；三、促進性別平等，賦權予婦女；四、減少兒童死亡率；五、改善孕婦健康；六、遏制愛滋病與愛滋病毒、瘧疾與其他疾病；七、確保環境永續性；八、為發展建立全球伙伴關係），事實上臺灣早就達到了！這就是我們常與國人共勉「對自己應該有信心，要惜福、繼續努力」的論據。

今天在臺灣提到出國一點都不稀罕，這種情形絕非在民國五十年以前出生的公民所能想像。那個時候，國家財經困難，人民出國相當不容易，只限公務（參加國際會議）、商務及留學，加上外匯管制及各種不便，一個人出國會有一大堆人因為這件「大事」，到機場歡送斜肩配戴彩帶的出國者！今天從臺北到巴黎留學或利用免簽證觀光，可以搭乘長榮航空直航班機，十三小時就到戴高樂機場，這與民國六十九年首度外放到巴黎時，須經香港、杜拜轉機，前後超過二十四小時相比，差別夠大了！

隨著國家整體發展，國人出國容易，電子媒體對國外風土民情，透過畫面或影音介紹，網路資訊發達及紙本刊物豐富。因此，在出國前取得目的地旅遊資料或一般資訊相對便利，是以觸發出國的「觀察員」將所見所聞透過不同方式記錄下來，這些無論主觀或客觀的看法、心得或評論，當然是作者們用心記錄的具體成果，其更重要的價值在於分享，提供與讀者互動、省思或期望的機緣。這也是為何我們在國外接待國內團體訪客時，都會利用溝通機會，邀請國人仔細觀察國外值得我們學習的地方（例如軟體方面成熟社會的民主表現——守法、尊重與有風度的溝通……），以及我們比外國表現更好的領域（例如：保有優質傳統中華文化、生活機能超便利、社會安定、醫療衛生無虞……），「行萬里路勝讀萬卷書」也包含這方面的效益。

拜讀丘樹華將軍的著作，見證了臺灣能成功，就因為在各行各業都有兢兢業業的人才。丘將軍在《迎風巡航——拉法葉艦航海日誌》描述他帶領全艦將近兩百名官兵，在法國建造的巡防艦，營造家庭般的感覺，又能同心協力執行任務、奮鬥向上的心路歷程，讀來對在法國工作的我們有一份親切感。他的《分秒必爭——危機救難總動員》是一本救難專業書籍，以穩健感性的文筆分享親身經歷，並對國內救難工作提出深入建言，原本就很珍貴；特別是二〇〇三年在書中預判國內未來面臨的災難挑戰，逐一言中，已成為國內相關研究的重要參考，此一貢獻令人欽敬。

至於這本《綺麗的旅程》與一般旅遊手冊或遊記不同，從修國兄那裡一接到手，一口氣讀完，還真愉快！法國部分當然很熟悉，其他地方有的去過（英國、夏威夷），有的真想去看看。丘將軍以清新的筆調，親切地敘說法國藝術、英國文化、夏威夷風光與新加坡進步緣由，更帶領讀者走訪外島、離島及邊陲風光，體會軍人戍守山巔、海濱的心情，以及軍人看世界、愛國家、愛家人的深情。對曾在馬祖服過預官役一年半，奉派在國外工作前後多年的外交人員而言，親切、欣賞之際，更欽佩丘將軍在擔負重要軍職、執行任務的同時，不忘以深度眼光及清新筆調寫下見聞與感觸，與讀者對話；加上書中高水準的照片，賞心悅目之餘，不想與丘將軍同行還真難！

軍人與外交人員都肩負國家賦予的任務，同為捍衛與爭取國家利益努力的菁英，儘管工作性質有別，但是在觀察與溝通、專業及使命感則無分軒輊。丘將軍以陽光的態度過生活，是個有智慧的人；以積極正面的勇氣面對各種挑戰，是個樂觀的人；願意費神整理軍人生涯難得的經驗，下筆撰文、出書與大家分享，是個勤快的人，值得大家按「讚」。《青年日報》前前後後刊載本書中多篇作品，在多元開放社會中，持續保持純淨及正面的立場，與幼獅文化公司在堅持好書才出版的理念下，經過多年經營，已名列出版業明燈，都值得鼓掌肯定與感謝。

丘將軍海軍出身，有著像藍海一樣寬廣的胸懷。他以翔實、愉快及流暢的作品與大家分享，對擴大國人視野、增長見聞、強化自信以及發展綜合國家競爭力，都有往上提升的效益，是件值得感恩的事，特此為《綺麗的旅程》出版撰文推薦。

中華民國駐法國特任大使
法國巴黎第七大學博士

二〇一四年九月三日於巴黎

作者夫婦於巴黎與呂慶龍大使（右）合影

自序

不一樣的旅程

人生就像一段旅程，有些人像空中飛人，不停在國際或海峽兩岸穿梭；有些人在船上工作，不斷遊走於世界各大港口，長期航行在海上；更多的人每天在城際間通勤，觀察城市的繁華、小鎮的淳樸與田野的四季變化。

因為工作上的需要，筆者經常奔走於海岸邊

西寧軍艦海上雄姿

陲。許多軍人為了保衛國家安全，必須長期駐守於山之巔、海之濱，甚至杳無人煙的孤島上。去過這麼多人跡罕至的地方，才發覺越原始的地方，風景越美麗。未經人工雕琢的景色，更能引發人們對自然的詠嘆，使人忘卻內心的憂煩。

為工作四處奔波是很辛苦的過程，解決的方式只有轉換心情，想像自己正在從事一段冒險旅行。心情放鬆後，風景就變得更富有不同味道。若能再仔細探究當地的風土人情，整個行程更帶有知性與感性，成為不一樣的豐盛旅程。

二〇一二年秋天，第二次到新加坡旅行，發現五光十色的新加坡，用商業與科技的方法，產生突飛猛進的動能。二〇一三年中，兩度前往夏威夷，在便利與舒適中，仍然維持了太平洋島嶼的愜意。當年秋季，在巴黎與修國、淑芬聚首，從浪漫的法國返回臺灣，則是飽覽人文歷史與自然美景後，有一種再三回味，久久不能忘懷的激動。

二〇一四年夏天到英國旅行，更在心靈上產生百聞不如一見，行千里路、勝讀萬卷書的感觸。有了以上的感覺，決定用不一樣的方式——既不是走馬看花、也不是記流水帳，以內心的迴響為主軸、歷史的見證作重心，寫下不一樣的旅程。沒想到自己也能飛快完成一篇篇文章，如同一次次再神遊異國夢土。

人生就像一趟旅程，在生活中，必然會發生許多感動人心的事情，也許親人、朋友們無法陪伴自己走完全部人生歲月，寫下心中的感想、對親人的思念等，如同旅行中的札記。「歲月旅

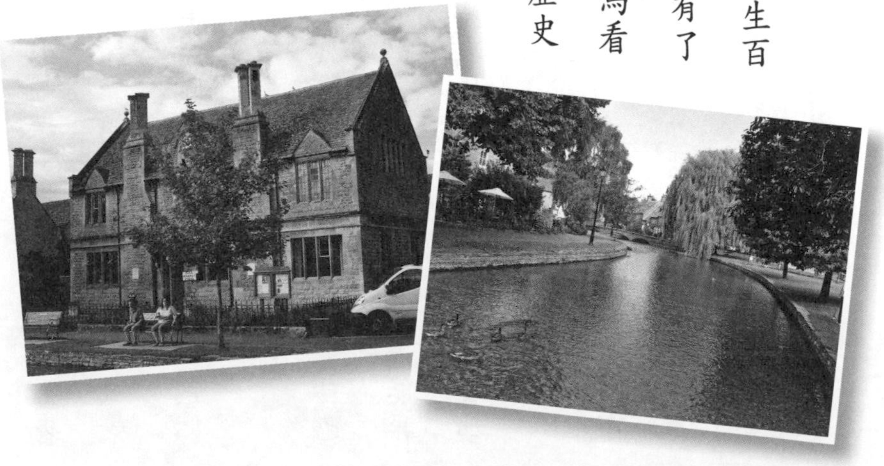

英國水上柏頓風光（二圖）

程」也就是生命中的重要足跡。我是一個年逾半百的水手，海軍所有的艦艇，再也沒有適合我的職務，但我非常珍惜在海上十餘年的歲月，雖然這本書所描述的地點大多不在海圖上，但水手的夢卻一再出現在特別的旅程中。

許多的夜晚與假日，獨自一個人奮筆疾書，竟發現有時候孤獨也是一種享受，在「享受孤獨」並執著於文藝創作的同時，腦海中不斷產生快樂的酵素。該感謝的是上蒼及伴我度過這些旅程的親人、朋友。整理拍攝的照片，並將心得與美景化作一篇篇文字，對個人而言，已經成了可以永久保存的寶物。

倫敦聖瑪麗教堂

旅行的意義，除了增廣見聞外，也是療癒心靈的良方。旅行後寫下心得感想，這段旅途將會在腦海中永保鮮明。每個人對生活的體會不同，也產生對旅程中不一樣的體驗。大文豪徐志摩筆下的法國巴黎與英國康橋，簡直就是人間天堂，讀著雋永的文字，眼前浮現了一幅幅的綺麗景象。當親身體驗後，竟能產生不同時代的共鳴。

這本書能順利出版，要特別感謝我國駐法國特任大使呂慶龍先生題序推薦，以及幼獅文化公司總編輯劉淑華小姐的支持，還有《青年日報》副刊主編江素燕小姐的鼓勵。能加入《青年日報》副刊的創作群，作品並一再被採用，對個人而言，是鞭策自己持續筆耕的重大動力。這本《綺麗的旅程》與筆者前幾本著作的風格略有不同，但想

倫敦眼摩天輪

巴黎聖母院

傳達給讀者對美好世界的體驗，卻是一致的。

也許我所看見的景物，已不同於徐志摩留學的二十世紀初，但千年古蹟是不朽的，在歐洲的氣候裡，永遠挑逗著遊客的觀感與心情。與讀者們分享，便是本書的創作動機，希望讀者們喜歡，都能用旅行的心情去工作與生活，豐富自己的人生。

目錄

第四篇 歲月旅程

第一篇
法蘭西遊記

離開臺灣，才發現自己其實很渺小。乘著飛機，穿越西伯利亞、俄羅斯北境，跨越丹麥及北海，來到自幼所嚮往的法國巴黎。瀏覽如詩如畫的風光、印證書本上所介紹的人文歷史，發現印象中的浪漫之都、藝術之都，果然名不虛傳。有人說花都巴黎，也就是「花錢之都」，但在見證法蘭西的風光、建築、人文采風後，才明瞭大文豪徐志摩所描述的巴黎「讚美是多餘的、如同讚美天堂是多餘的！」再貼切不過。在不虛此行的感動中，寫下了法蘭西遊記……

巴黎的書報攤

南法土倫港（圖片提供／呂慶龍）

巴黎協和廣場噴水池

秋天的巴黎

自筆者有生以來，去過的大都市有韓國的首爾、新加坡、太平洋中的檀香山、美國的洛杉磯、紐約、華盛頓，以及法國的巴黎等，對一般人來說雖不算多，然而，在經年忙碌及留守部隊之餘，能夠遊歷這麼多著名城市已算不容易，還是得感謝上蒼的安排，讓自己的回憶多采多姿。

在上述都會中，最奇特的還是法國的巴黎——一座用古蹟堆砌的城市。在沒有柏油路的年代裡，將石椿打在地上，形成一條條石板路。走在凹凸不平的馬路上，不由得想像馬車轆轤所發出的喀噠聲。穿著時尚的男女，走過一道道古老的大門，隨處可見的不知名塑像、天使，輝映著斑駁外牆。遠處的天空，更矗立著許多尖頂、圓柱形

巴黎古蹟上的雕像

建築物，讓人們不禁放慢腳步欣賞，惟恐加速前行，便辜負了一頁頁美景。

不論是法國人或外來觀光客，總喜歡在街頭咖啡店前，沿街而坐，慢慢啜飲著濃縮咖啡。隨興與優閒是大家的共通點。曾經看過一部音樂劇《悲慘世界》，很難想像，在同樣的布景下，現代人與古代人心情上的落差。仲秋的巴黎，已有幾分蕭瑟，街頭的人們，穿著貼身而時髦的服飾，楓樹隨風搖曳，枯黃的葉片掉落一地，也許古老與凋零、古典與悠哉，再搭配苦澀的咖啡，是許多藝術家靈感的泉源。

在巴黎喝咖啡，重點並不在於咖啡的味道，而在喝咖啡的行為與氣氛。大家喜歡坐在面對馬路的位子上，看著經過精心妝扮的女人或帥氣的男人，也是一大享受。坐在左岸著名的「雙叟」咖啡店外，竟有種朝聖者達成目標的雀躍。街頭林立的咖啡店，形成了一種文化和特殊風景。

搭乘百年地鐵或公車、電車，又是另一種特殊經驗。巴黎地鐵站不若臺北捷運的明亮與匆忙，反而有種古典的雅致。雖然看不懂各類標示，但也能享受異國的緩慢腳步。同行的友人告訴我們，車廂中正廣播「前方因不明原因故障，開車時間未定」，地鐵車廂內的法國人仍不改優閒的表情，要是同樣的狀況發生在臺北，恐怕免不了爆出乘客的一陣罵了。地面上的公車與電車也是一樣，在擁擠的道路上緩慢行走，時間對巴黎的居民而言，彷彿變得不太重要，「隨遇而安」也許是在這裡該學習的另一種態度吧！

艾菲爾鐵塔夜景（圖片提供／呂慶龍）

沒到巴黎之前，印象中它是藝術之都和浪漫之都。可以整天坐在塞納河畔喝咖啡，聊生活中的是非，牽著情侶的手無所是事。唯有親自在巴黎街頭漫步，才能感受法國人對文化保存的努力和千百年來打造這座城市的魄力。歷史上的戰爭與瘟疫，並沒有打垮歷代君王留下歷史資產的決心，才能保存與孕育這座充滿藝術氣息的都市。

站在下祐宮前，仰望高聳入雲的艾菲爾鐵塔，這是拍攝鐵塔的絕佳位置。鐵塔入鏡，完成旅途中的一項重要功課，看街頭人群的步履依舊優雅，在相機鏡頭拍下重要景物後，心裡也留下屬於巴黎的特殊印象。

大文豪徐志摩在著名散文〈巴黎鱗爪〉中寫道：「到過巴黎的，一定不再稀罕天堂……整個巴黎就像一床野鴨絨的床墊，襯得你通體舒泰，硬骨頭都給薰酥了似的……」，這就是文學家眼中的巴黎。

緩慢、優閒的人群、看不完的古蹟與博物館，歷史的長河在巴黎街頭持續淌流。倘若他們能更勤快、更有效率，這個國家也許能更進步。假如日本東京的人們可以放慢腳步，也許能造就更多文學家與藝術家。快與慢如何選擇，我的心裡只有一陣迷惘。

——原載於《青年日報》（2014.1.15）

小鎮風情

假如想領略法國的特殊風情，除了大都市的代表性建築和美不勝收的山川外，走進鄉間也是很好的方式。

乘著休旅車離開喧鬧的巴黎市區，刻意選擇鄉間小路前往有名的香波堡，目的地尚未到達，即已被眼前的景象所感動。一望無際的麥田，不論收割完成與否，都以單一的色彩——金黃色或綠色，延伸至天際線。風力發電車奮力擺動著槳葉，就像不停招手的接待員，偶爾望見的穀倉，點綴著這幅美麗風景畫。

小路沿著羅瓦爾河前行，穿過一處小鎮，低矮建築在曠野中顯得不足為奇，只有河流才是這裡的主人，小樹與長草在水中隨風搖曳，給人一種優閒而慵懶

法國古老的小鎮

的感覺，時間的步調在此時慢了下來。突然想起《諾曼第大空降》影集中，戰爭結束後，參戰官兵在法國鄉間放鬆休憩的情節，流經巴黎市區的塞納河，雖然有很深的人工鑿痕，但很乾淨，羅瓦爾河則流露著自然的美。

在這座古老而不知名的小鎮裡，紅色的磚造房屋，沿著小街道而建，每戶的窗檯上，都擺滿了開著小花的盆栽。汽車駛進小巷子停妥後，才發現這裡特別安靜。中午的陽光，映照在小教堂的屋頂上，發出閃耀光芒，兩個小女生在籬笆內扮家家酒，讓我們這群不速之客產生「不知今夕是何夕」的感覺。陶淵明在〈桃花源記〉中說：「……豁然開朗。土地平曠，屋舍儼然。有良田、美池、桑、竹之屬，阡陌交通，雞犬相聞……」，在法國西南部的鄉野中，我們彷彿尋著了異國的桃花源。

不僅建築物很老，連小鎮裡的跳蚤市場都顯得古意昂然，各式各樣的老舊物品，吸引我們駐足玩賞，有舊式唱機、唱盤、書籍和玩具，一次大戰、二次大戰所使用的軍刀，不知年代的古槍，甚至長滿銅綠的紅酒開瓶器、餐具等，就像一場懷舊商品展。路邊也有販賣烤肉與啤酒的小店，我們選擇了一家法式小餐館，在前菜、主菜、甜點的順序中，體驗法國人優雅、緩慢的用餐步調。

巴約小鎮是另一個有趣的小鎮，緊臨諾曼第古戰場，有一半是人煙稀少的老房子，另外一部分是現代興建的學校、工廠等。我們在巴約大教堂前不停拍照，用古教堂、老房子作背景，想像聯軍登陸後，解放法國的景象。儘管戰爭的場景，已隨著時間流逝而逐漸褪色，販售紀念品的小店，仍以那場戰爭為主題，包括馬克杯、運動衫以及餅乾盒上，都印滿了歷史照片，人們的思考與腳步，都隨歷史而凝結。如同徐志摩在一九二五年所寫：「讚美是多餘的，如同讚美天堂是多餘的」，這句話恰能形容巴約小鎮的古樸與美麗。

小鎮只是旅途上的短暫邂逅，卻意外發現它的幽靜，讓看過許多古蹟的遊客，體會另一番風情。斑駁的平民建築與華麗的皇宮相較，或許微不足道，卻讓煩亂的心情，得到短暫休憩。

——原載於《青年日報》（2014.1.8）

邁向凱旋之路

辦公桌上擺著一只凱旋門和加農古砲模型，那是遠從法國帶回來的紀念品。拿在手上仔細端詳，做工精緻而饒富古味。戰火早已遠颺，凱旋門上篆刻的勇士名字卻令遊客印象深刻。砲座後方的火藥箱，雖早已失去了煙硝味，但樸拙的砲管與車輪，也能讓現代軍人心動神往，引發思古幽情。

初抵達法國，便在友人的引領下，走過著名的鐵鎖橋。那是一座掛滿鎖頭的橋梁，將祝福的話語，或心愛伴侶的名字寫在鎖頭上，並牢牢鎖在橋梁的鐵網上，代表永誌不渝的愛情。依習俗完成上述動作，並將鑰匙投入塞納河中，算是一個留念。信步走向彼岸的公園，巴黎的午后，遍地烏鴉與落葉，濃密的林蔭與石板鋪設的步道，曾經引發多少藝術家的靈感，天際線上交錯著古蹟的塔頂與現代化大樓。形成古代與現代交織的空間，古老的馬路上塞滿了名牌汽車，有些不協調，畢竟人心還是懷舊的，坐在公園裡，對於新與舊的喜好，感到有些迷惘。

香榭大道的入口處，是一座金黃色石柱，據說是埃及古文物，應該是帝國時代的戰利品。走過造型奇特的噴水池，每個噴水口都是藝術品，用神話動物裝飾，千百年來不知流過多少喜樂與哀愁。而兩旁一棟棟不知名的建築裡，以往都住著達官顯貴，走過綠樹成蔭的香榭大道，就是象徵法國精神的凱旋門了。站在著名的協和廣場上，遙望這座自幼嚮往的建築物，深感在巴黎的遊蹤裡，時光老是凝結在歷史的回顧中。

巴黎協和廣場尖塔

香榭大道上每天都有川流不息的遊客，除了享受濃蔭的優閒外，也充斥著各類名品，有服飾、鐘錶、珠寶、化妝品和各類餐飲店，只要口袋夠深，絕對能夠滿載而歸。名牌皮包的旗艦店設在一處古老建築物裡，與對面的銀行遙遙

巴黎凱旋門

相望，在古蹟中，竟也流動著現代金錢遊戲，時髦的女人，不畏寒風，穿著短裙、洋裝，隨人潮移動。追求虛榮與景仰歷史的人群，混雜在這條大道上。

為了慶祝打敗俄奧聯軍的勝利，拿破崙在一八〇五年下令修建凱旋門，他被推翻時仍未完工，直到一八三六年終於完成。一八四〇年，拿破崙的遺體在過世十九年後運回巴黎時，曾以盛大的儀式通過凱旋門。四組以軍事為主題的大型浮雕，「出征、勝利、和平、抵抗」，象徵拿破崙王朝的偉大功蹟，建築內也刻滿了三百多位將軍和九十六場勝利的名字，倘若拿破崙地下有知，棺柩通過凱旋門時，應當是一位君王或軍人最感榮耀的時刻。

傍晚時分，法國儀隊在凱旋門下方舉行一場例行禮讚儀式，向陣亡將士致敬，如同臺北忠烈祠的儀隊禮兵交接，吸引大批遊客駐足。無名戰士墓旁的紅花和夜晚不熄滅的火燄，日復一日，紀念第一次世界大戰為國捐軀的一百五十萬官兵。軍人已逝，遺留下來的是愛國情操與奮戰精神。

站在凱旋門頂端，俯視四周十二條放射狀的大馬路，所有道路的終點，都匯集在這座戴高樂廣場，讓人不得不佩服建造者的用心與睿智。若在平時偶見巴洛克式建築，會覺得很有味道，在這裡卻以整片巴洛克式建築，堆積成一座大都市。邁向凱旋之路，並登上凱旋門，在秋風拂面中，讓偉大建築工程感動內心，不覺湧生「以後還要再來」的心願。

博物館漫步

英雄之所以為英雄，原因即他在世時經常打勝仗，死後被世人永久追思，拿破崙正是很好的例子，在世界軍事史中，值得用很多篇幅描述。

「榮軍院」是法國最大的軍事博物館，驅車或漫步在巴黎古老街道上，抬頭便能望見它金黃色的圓形屋頂，與其他質樸的古蹟相較，顯得備極尊榮。

踏進博物館大門，便能被豪華非凡的教堂所震懾。金碧輝煌的祭壇，細緻的十字架與耶穌像，似乎告訴著世人：天主教

榮軍院夜景（圖片提供／呂慶龍）

與法國密不可分。圓頂下的墓塚，依序是法國第二共和總統──拿破崙的五弟波拿巴、一次大戰法國元帥弗朗謝德佩斯雷。步下樓梯，是拿破崙之墓，珠紅色的棺槨，不禁使人引發對偉大軍人的崇敬。數百年前的歐洲，戰事不斷，

拿破崙墓上方的華麗教堂

拿破崙這位曾經叱吒風雲的人物，是什麼樣的歷史背景，讓他不斷打勝仗，最後在這裡供人永久追憶？照顧官兵，與官兵同甘共苦，勤政愛民，每天只睡兩小時……身為軍人，想起拿破崙的生平，站在他的墓前，不禁心有戚戚焉。

一八四〇年十二月，拿破崙的遺體在死後十九年，由喬維爾親王遠從聖赫勒拿島送回巴黎。當時法王路易菲力代表法國接受了遺體，並隆重的再次安葬，以安撫為數眾多的拿破崙支持者。這是一段動人的故事，「得民心者昌，逆民心者亡」，歷史一再重複上演類似的故事。用白色、黑色、紅色大理石等珍貴建材打造的墓塚，並由十二位勝利女神塑像環繞，拿破崙的身後，顯得無比尊榮。只有圓形的屋頂上，刻繪著一群快樂的天使，與透進窗戶的陽光和白雲相互輝映。圓形屋頂表達的是追求自由與快樂，也許是這個國家永遠的信念吧！

走進博物館的長廊，是數不清的砲管、戰車與各式大型裝備，引發人們的思古幽情。迴廊內的建材與裝飾一概維持原貌，塑像上斑駁的綠色與黑色斑點，正說明著時光的無情，回想數百年前，這兒是

榮軍院的屋頂天使

英雄聚集的地方，儘管馬鳴風蕭、戰鼓頻催，勇猛的軍人，在戰傷後也只能黯然棄甲，進入療養院。

這座巨大的博物館，共區分為古代、一次大戰、二次大戰等三個區域。從古至今，軍人的各式服裝，戰士的生活用品、武器、勳獎章、戰役經過圖表等應有盡有，也包含各國的裝備，可見規劃與維持的用心。其中最感動的是，裡面有筆者念中正預校參加國慶閱兵使用的卡賓槍，官校入伍所發的M1步槍，目睹這些槍枝，不由得想起以往美好時光。最有趣的是，法國將軍戰時使用的餐具，包含各式刀叉、咖啡壺與水杯、咖啡杯等，難道戰時還能優閒享受牛排與下午茶嗎？讓筆者的腦海充滿問號。

從第一次到第二次世界大戰，武器裝備有了明顯的進步，但是改變不了戰爭的殘酷本質。如果博物館在多年後展示現今的裝備，必然是殺傷力更大的武器。身為軍人，在看完琳瑯滿目的槍砲武器後，衷心期盼日後的展出，只有裝備，而沒有新增的殘忍戰爭史實。

榮軍院——照顧傷殘官兵的療養院，在一百八十多年前是愛護官兵的重大創舉，看見它的規模，使當了三十多年的軍人的筆者深受感動。軍事博物館見證了歷史，也利用眾多戰史及武器裝備，說明戰爭的殘酷與無情。

漫步博物館數小時後，在博物館外的河堤上，看見一字排開的古砲管，早已鏽跡斑斑，但戰爭的史實永不褪色。回想我們的國家，歷經更多戰爭苦難，將歷史的痕跡與證據保留下來，讓後人永遠追思，時時警惕「忘戰必危」的道理，應當是可以學習與努力的地方。

諾曼第遊蹤

諾曼第是個耳熟能詳的地名，遠赴法國西北方海岸，站在猶他海灘，遠眺一片祥和的北海，眼前雖然風平浪靜，內心卻澎湃不已，回想一九四四年六月六日，是許多家庭的斷腸日，多少壯士為了爭取自由，在此犧牲了生命，而今海風依舊蕭颯，六十九年後的悼念或許太遲，戰爭也逐漸被世人淡忘，然而古戰場的景物，對於一個軍人而言，仍有一種無法壓抑的悸動。

去諾曼第那天，陰晴不定，下著陣陣大雨。九月的法國北部氣溫低於攝氏十度，帶來陣陣寒意，正好符合遠赴古戰場的心情。汽車走過壅塞的巴黎街頭後，在速限一百三十公里的高速公路上奔馳。通過不知名的河流，在橋梁上遙望河岸的別墅，如童話故事般繽紛多彩，鮮豔的屋瓦及別致的煙囪，如果再覆蓋上皚皚白雪，就充滿北國情調了。路旁小山坡上有著一群群的牛羊，步履輕緩，大部分躺臥在草坪上，與法國人一般慵懶優雅，只不知牠們是否比其他國家的牛羊浪漫。

經過數百公里的奔馳，終於來到位於諾曼第的軍人公墓。六千多座白色墓碑，整齊排列在草坪上，盟軍戰死沙場的英魂，長眠於此，有美軍、英軍以及加拿大軍人。石碑上寫著感謝他們為自由所付出的貢獻，不論是士兵、士官或軍官，為國捐軀後並無階級之分。

細讀每一座墓碑，竟發現其中有許多十七、八歲的年輕士兵，短暫的生命，就在戰爭中化作塵土。一排排的石碑，代表著眾多家庭的破碎，戰爭的確是殘忍的行為。站在氣氛祥和的墓園裡，內心卻澎湃不已，記得臺北的忠烈祠，看見許多熟知的歷史名將牌位後，崇敬感油然而生；站在異國不知名的士兵墓前，也有著相同感動。

THEIR NAME LIVETH
FOR EVERMORE
LEST WE FORGET
諾曼第陣亡將士墓前的鮮花

陣亡將士公墓邊的戰爭博物館，整體規劃完善，裡面陳展了諾曼第登陸的史實，也有當年聯軍及德軍使用的武器裝備與戰車大砲，還有陣地模型。不論任何國家，軍人與百姓在戰時的生活，只有艱困與恐懼能形容。撫摸美軍的八吋牽引砲及德軍的虎式戰車，都有一種悽涼感，當年的殺人利器，如今只剩軀殼，供後人憑弔。

前往猶他海灘途中，經過一處戰俘集中營的大型石碑。德軍將大量戰俘集中在建物地下室裡，石碑刻了一具枯槁身影，象徵種種不人道待遇。壁上刻著法文，大概的意思是說，盟軍解放了戰俘營，願戰爭永遠離開此地，祈禱永恒的自由與和平。

飄揚著盟軍各國國旗的猶他海灘，戰爭遺跡只剩海上的運補碼頭。海灘上浪花拍岸，風聲颯颯，天上正好飄著微雨，不禁打了一個冷顫。軍人來到浴血成河的古戰場，心中確實有些感傷。岸上公路邊的展覽館、旅社、酒吧、咖啡店，全都以「D-DAY」為名。將近七十年前的六月六日，是個值得悲泣的日子。國軍名將張靈甫的墓前寫著「長弓彎月一統山河、地靈人杰大功甫成」，中國人習於歌誦名將，將對外國人而言，也許「D-DAY」兩個字就代表了他們心中永恆的懷念，與永遠亮麗的榮譽勳章。

遠處山上的遊客中心旁，有數座廢棄的德軍砲堡。原本想著可能發現重要遺跡，逐座參觀後，發現除了鏽蝕的巨砲外，已空無一物。砲堡外草原上的綠草隨風飄曳著，似乎在告訴我們：回去吧！此處早已遠離戰爭，鋼鐵做成的巨砲，總有一天也會鏽成灰燼，只留在後人心中。

——原載於《青年日報》（2014.1.22）

法國美食

家中電腦螢幕上，放映著一盤又一盤的佳餚，這是遠自法國拍攝的照片，無價的「戰利品」。旅遊期間，妻總是習慣性拍下桌上的美味，沒想到這些無心之作竟構成一幅幅美麗圖案，多日後化作最飽足的回憶。

紅酒是法國人最為自豪的佳釀，到了法國，如果不能多喝些紅酒，似乎有點枉費此行。來自波爾多、干邑的紅酒，由南法充足陽光與適宜溫度，孕育出來的葡萄所釀造，入口香醇而不苦澀，白蘭地酒也是一樣。曾聽說一則笑話，法國人與西班牙人一同喝酒，法國人對西班牙人說：「法國紅酒很珍貴，如果要乾杯，就改用西班牙紅酒吧！」，西班牙人回答說：「法國有紅酒嗎？那真是恭喜你們了！」，在品嘗的同時，聽見這則笑話，與美酒同樣值得玩味再三。難怪美國作家海明威在巴黎流連忘返，在品味美食佳釀之間，尋獲大量靈感。

遊法期間，品嘗了各式經典美食，包含「把給」法國麵包、煙燻肉、起士、鴨胸、田螺、鵝肝、春雞、羊排等，還有各式不同口味的紅酒與白蘭地酒，當然也沒錯過布列塔尼牛奶餅乾與小甜點馬卡龍。雖然很幸運地吃遍法國美味，但最值得懷念的，還是旅途中偶見的人情味與突然發現美好情調的驚喜。

在塞納河邊以遊船改裝的餐廳中，筆者吃到了心儀已久的法式鵝肝，用清淡的調味，體現鵝肝的原味。餐廳傍著平靜的河水，窗外是一片優閒景色，當濃郁滑順的鵝肝入喉，塞納河的暮色也盡收眼底，這是法式浪漫晚餐。

鴨胸與羊膝則是兩次午餐在巴黎街頭餐廳所享用的，當美味的食物擺在眼前，幸福感立即湧上心頭，用特殊工具挖出的前菜田螺，主菜羊膝及鴨胸，入口即化，令人滿足。在擠滿客人的餐廳裡，有法國軍官、商人、公務員與來自異國的我們，優閒享受午后時光，午餐直到下午三點多才結束，在浪漫的當地不足為奇。

去香波堡那天，經過一個不知名小鎮，沒有速食店，只發現一家小餐廳。餐廳雖小，也按照前菜、主菜、甜點的順序上菜。那天點了春雞和奶酪，滋味雖普通，餐廳院子裡古老的涼椅、圍滿不知名小花的窗檯卻令人留戀，與世無爭的感覺，絕非我等過客所能體會。

還記得諾曼第海灘邊上的巴約小鎮，古教堂附近是兩條交叉的小馬路，很別致的小餐廳就在路邊。永遠記得服務生和櫃檯老太太的親切態度，她用簡單的英語與我們交談，說起當地的羊特別肥美，所以建議我們吃羊排，果然軟嫩可口，結帳時也發現特別便宜，物超所值。走出餐廳，我們恣意享受著法國西北方的新鮮空氣，人情味與食物的美味讓空氣都鮮甜了起來。

紅酒與「把給」麵包是法國人的驕傲，被認為是他們平均壽命較長的原因，如同韓國的泡菜與日本的味噌。我們居住在富足的臺灣，雖然近期食品衛生管理發生一些警訊，但只要小心應對，便不致產生立即威脅。筆者認為長壽的原因無他，飲食簡單與保持快樂的心情便可達成。遊歷異國，嘗試不同口味佳餚，是旅行的重要收穫之一。好的食物能產生好心情，也豐富了整個旅程。

朝聖之旅

古老的教堂對於天主教徒而言，是信仰的歸屬與心靈的寄託。從法國戴高樂機場前往巴黎的路上，便可發現數座不知名的古教堂，尖頂高聳的塔樓，搭配建築物外的天使塑像，顯得愈發神祕。在法國參觀過幾座著名的天主教堂後，發現信仰即是和平的象徵。二次大戰時，巴黎雖遭德軍占領，但是德、法兩軍有著共同信仰，千年教堂在戰後完好如初，未遭任何破壞，應當是值得欣慰的事。

那天參觀完羅浮宮，徜徉在古蹟林立、人文薈萃的塞納河左岸，除了市政府、巴士底廣場等著名景點外，最明顯的地標應當就是聖母院鐘樓與高聳的尖頂教堂了。整座聖母院就像是一座細細雕刻出來的藝術品，位在河中西堤島盡

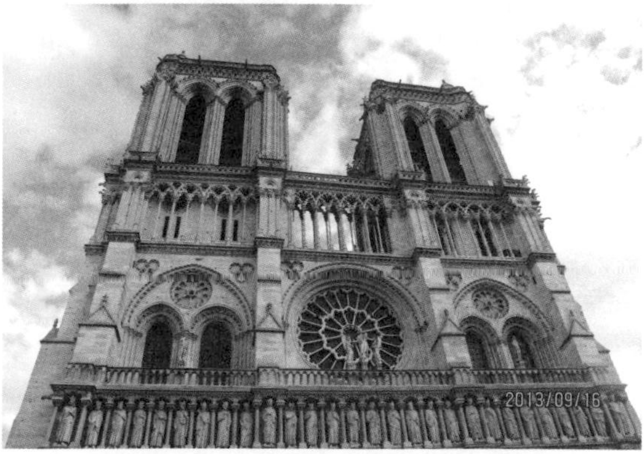

巴黎聖母院鐘樓

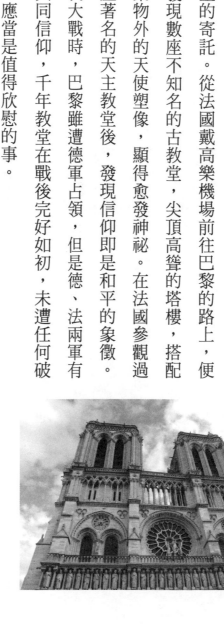

頭的聖母院，宛若迎風挺立的精神象徵，難怪能吸引眾多外國遊客到此參觀。

著名的鐘樓即是世界名著《鐘樓怪人》的場景，由於建物老舊，採取流量管制。在寒風中排隊一個半小時，再爬上數百個階梯，終於氣喘吁吁的抵達鐘樓頂層。環顧四周，令人讚嘆，一千多年前的建築工藝，竟也能如此精緻而鬼斧神工。此處與凱旋門、艾菲爾鐵塔，並稱為最佳觀景地點。蜿蜒的塞納河，流經一座座古橋梁，沿岸是一棟棟的古蹟，壯麗的景物，令人久久不忍離去，只有欄杆外的古老怪獸雕像，見證著歷史興衰。

聖母院的大門上，雕刻著極為複雜的耶穌審判圖，教堂的聖殿，挑高數十公尺，面積廣闊。雖然老舊，但不失莊嚴肅穆，告示牌上以各國文字寫著「靜默禱告」，在這座巨大教堂的兩側，還有十數間禱告室，點上象徵祈禱的蠟燭，雙手合十，不知在法國的天主與聖母瑪麗亞，是否聽得見中文禱告？

聖心堂位於巴黎近郊的一處山丘上，為圓形屋頂設計，與其他教堂迥然不同。搭乘電纜車到達教堂前，只見遊人如織，原來除了教堂外，整座山頭就像一座行動藝術集散地。隨處可見不知名的畫家在路邊作畫，有風景，也有人像。坐在路邊的小座位上，啜飲著沁涼啤酒，而教堂的側面身影與街頭林立的攤販，是眼中繽紛多彩的景象，令人感到分外輕鬆。

聖心堂的聖殿布置得非常華麗，可明顯看出經過精心設計。聖殿內正舉行一場彌撒，修女高吭的歌聲吸引許多遊客聆聽。兩側懸掛的各國國旗象徵宗教無國界，當發現我國青天白日滿地紅的國旗時，更是驚喜萬分，可惜國徽並非十二道光芒，而是十六道光芒，但仍覺得非常開心。

諾曼第海灘附近的巴約大教堂則是千年古蹟，花了數百年

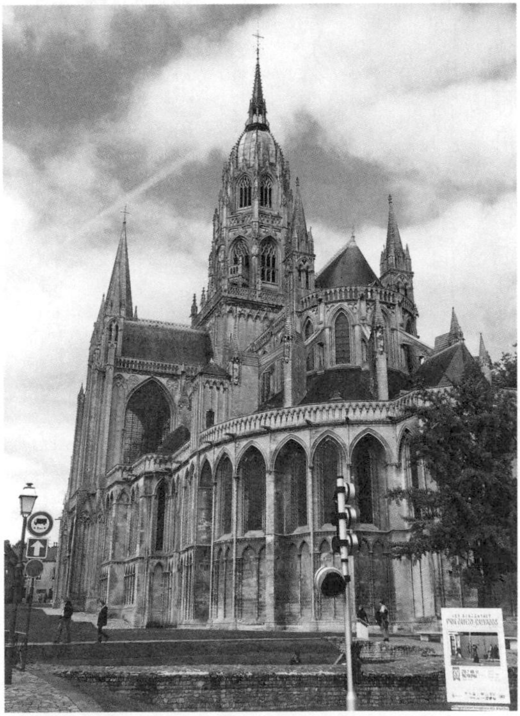

巴約大教室

才建造完成。面對血腥海灘，除了高聳的建物吸引遊客注意外，也為戰死沙場的英雄永遠祈福。當一九四四年諾曼第登陸時，教堂早已矗立在此。在巴約教堂的外圍，運用各種角度拍照，襯托著路邊的樹木，怎麼拍都像一幅風景明信片，唯有「丰姿卓約」才能形容建築物的氣質。

香波堡旁有一間迷你型的教堂，建造年代似乎相當久遠。祭壇與內部斑駁的座椅，似乎告訴著遊客，在很久很久以前，它就擁有虔誠的信眾在這兒禱告平安喜樂。

不論是否為天主教徒，歐洲各國的古教堂都值得一遊，以了解異國文化。當造型宏偉，精雕細琢的大教堂出現在眼前，都能令遊客瞠目結舌，讚嘆建造者的用心與努力。耶穌基督也許不是所有人類的信仰，但寧靜與和平，絕對是全人類的心願。走訪法國各大古教堂，朝聖之旅讓心靈獲得了平靜。

踏進時空迴廊

世界各國的皇宮，都記載著過往輝煌歷史，例如中國的紫禁城、英國的白金漢宮、泰國的大皇宮，以及印度的阿格拉紅堡等。法國自不例外，凡爾賽宮是法王路易十四的皇宮，香波堡則是弗朗索瓦一世度假狩獵的行宮。

站在凡爾賽宮外，立刻能被那耀眼的巴洛克式建築外觀所懾服。廣場外大面積的石板，在時間的沖蝕下，雖然凹凸不平，卻顯得饒富古味，看得出英雄、戰馬、古砲踩踏與行進的痕跡。金黃的雕塑，浮現在每一座窗框中，還有屋瓦、外牆盡是奢華表徵，藝術與財富在此刻得以並列，藝術品雖無價，若是大量集中卻又顯得財大氣粗。

凡爾賽宮

走進凡爾賽宮裡，看得出歷任法國君王所追求的完美。除了考究的家具外，每一座牆上都掛滿了壁畫；甚至屋頂都繪滿了花鳥、天使，房間裡的擺設完整，足供遊客想像宮廷生活的考究與奢侈，只能用「嘆為觀止」來形容。宴會廳裡盡是華麗的吊燈、玻璃及壁毯，想像吊燈裡的蠟燭全都點亮後，帝王與嬪妃漫步舞池中，是何等雍容。用現代的眼光來看，宮廷的財富又是從多少百姓的血汗或戰爭流血所掠奪來的！在這座時空迴廊裡，除了讚嘆設計者的巧思外，也發人深省。

香波堡正面

在凡爾賽宮瀏覽了幾個小時後，已沒時間在戶外的廣大花園裡漫遊。隔著窗戶遙望戶外的花園與樹林，在花木扶疏、綠草如茵的場景中，君王若不能深

香波堡側視圖

入充滿疾苦的民間，只活在富裕的假象中，就像被軟禁的囚犯，生活只留下精心雕琢的奢華，供後人評斷他的功與過。

開車去巴黎西南方的香波堡，則是另一番心境。經過長途奔馳後，進入一處又一處的森林，隨處可見「小心麋鹿」的警示牌，汽車在森林小徑中緩慢行駛，仰望樹梢中偶爾可見的藍天白雲，暫時拋開了心裡的憂煩。

進入古老的街道後，已能看見香波堡壯觀的塔頂。經過森林、老街後，遊客發現香波堡的第一個反應一定是「哇！好漂亮！」。以往在明信片看過的美麗香波堡，此刻真實呈現在眼前。除了城堡外的護城河與帝王專屬的狩獵森林外，還有灰白色的外牆、數不清的煙囪和圓柱形高塔。每一座高塔，都由建築師堆砌成美麗的形狀，在晴空下顯得既神祕又美輪美奐。當許多精美設計的尖塔堆在一起，即成了感動人心的偉大，也像一個插滿蠟燭的大蛋糕。

香波堡是盧瓦爾河流域最大的城堡，當地盛產各式食材與葡萄酒，法王興建它的原因並不是為了防禦，而是奢華享受。十六世紀文藝復興時期，從義大利請來了大藝術家達文西設計規劃。步入古堡，立即置身在大理石所環繞的夢境之中，四百多個房間以及連通樓梯，處處顯現文藝復興的風格。既然是狩獵行宮，獵具與獵物標本也是當然擺設之一，最特別的還有著名的「雙旋梯」，兩座樓梯環繞著一個軸心而建，讓皇后與國王的情婦在上下樓可以相見而不相遇，以避免尷尬，的確是建築史上的絕妙巧思。

走在繽紛多彩的樓層中，隨處可見老師帶著學童上課，一種羨慕感油然而生，這些學童真是幸福！站在古堡的陽臺，俯視下方的花園與草坪，不知數百年前，興建壯觀建築的工人是否知悉，他們正在完成一座歷史偉大建物？與身著法國古裝的服務人員、騎馬的女性憲兵合影，無意中成了最珍貴的紀念品。

走訪世界文化遺產之一的凡爾賽宮與香波堡，讓自己產生進入時空迴廊的錯覺。旅行的意義，即在增廣見聞與陶冶身心。歷史是一面鏡子，可以鑑古知今，古蹟是流傳後世的瑰寶。在旅途中，透過聆聽與觀賞歷史的小片段，也豐富了人生。

徜徉塞納河畔

世界上每座偉大的城市都有河流蜿蜒通過市區，將城市妝點得更詩情畫意。例如臺北的淡水河、紐約的密西西比河、柏林的易北河等……巴黎也不例外，千百年來，塞納河的水流經一座座古蹟，娓娓傾訴著古老歷史。

仲秋的午后，巴黎飄著微雨，帶來些許涼意。搭上塞納河的遊船，讓自己置身在歷史與現代交錯的時空中。碼頭對岸是矗立數百年的艾菲爾鐵塔，在冷風中顯得更為古典，遠處的橋孔是將要穿過的路徑，就像走入時光隧道中。

遊船上交互播放著中文、英文、韓文導覽，讓各國遊客輕鬆突破國界的障礙。在一個小時的航程裡，經西堤島、聖路易島，輕風拂面、河水潺潺，眼底盡是優美的建築物與河岸兩旁的綠樹成蔭。在水波蕩漾的午后，讓自己置身在一幅幅風景畫裡，分不清究竟是塞納河妝扮了巴黎，還是兩旁的偉大建築襯托了美麗的河流。

塞納河上有數不清的橋梁，連接著巴黎市區的左岸與右岸，左岸是著名的藝文區，右岸則是商業區。當遊船通過一條條富有特色的大橋，帶來一陣陣驚奇，最古老的是十六世紀建造的「新橋」，最華麗的是金碧輝煌的亞歷山大三世橋，橋墩上的浮雕和立體雕像靜靜凝視著河水，也見證著歷史與衰，讓來自異鄉的我們，也分享了法國的苦難與光榮。

西堤島原本是一座沙洲，人工石砌的河堤讓沙洲成為壯麗的島嶼，聖母院的巍峨建築止詮釋法國人堅定不移的信仰。平緩的河水洗滌了心靈，令人賞心悅目的古蹟，則是不虛此行的視覺享受。我在遊船上盡情放鬆，徜徉在塞納河午后。

巴黎的車站

巴黎羅浮宮

那天逛完羅浮宮，信步走在著名的左岸，舊書攤與街頭畫家是合法攤販。手上拿著馬卡龍甜點邊走邊吃，穿越在濃密的樹蔭與寬敞的人行道，享受文藝與優閒氣息。品嘗美食的同時，眼光也不停打量著一棟棟宏偉的古老建築。走在詩情畫意的午后，漫步於塞納河畔，儘管全程走馬看花，仍是極致的幸福。

站在古老的橋梁上，遠眺對岸的西堤島，古羅馬人稱它為「泥濘城市」，歷經兩千多年的發展，沙洲已成為美麗城市的重要部分。藍天白雲搭配著綺麗塔尖，形成一張張動人的風景畫，不禁猛按相機快門，唯恐錯過絕美景致。

不知名的小樹倒映在河面，讓我想起臺北市基隆河畔的河濱公園。河邊總是最美的休憩地點，午后在河濱公園散步或騎單車，能讓人發覺城市裡最美好的一面。塞納河的午后，也讓我想起一萬多公里外的家鄉。

對於神祇的堅定信仰，全都反映在巴黎的景物裡。古老是一種美，緩慢與優閒更能美化心靈；塞納河的午后時光雖短暫，卻裝滿難忘的美麗回憶。

——原載於《青年日報》（2014.3.8）

藝術饗宴

「奧薇小鎮」位於法國巴黎的近郊，舉世聞名的美術家梵谷在此地舉槍自戕，多年後當地的田野一如往昔，在每年的四季散發不同色彩。烏鴉是當地最常見的鳥類，梵谷在自盡前畫了一幅田野，上面綴滿了烏鴉，代表他當時的心情，引發現代世人不斷討論……

世界名畫中，除了達文西的〈蒙娜麗莎的微笑〉位於羅浮宮外，還有米勒的〈拾穗〉、〈晚禱〉，莫內的〈星夜〉、〈睡蓮〉，以及雷諾瓦的〈煎餅磨坊〉等。能在短短半天內，親眼目睹這麼多世界名畫，只有一個地方辦得到，那就

奧塞美術館的時鐘

是巴黎的奧塞美術館。

奧塞美術館的外觀並不起眼，它是由一座火車站改建而成，購票進入後，才發現它內在的偉大。當一幅名畫掛在牆上，可以讓整個房間生動起來；但在一個房間掛滿名畫，就成眼花撩亂的感動了。在美術館裡，有許多校外教學的中、小學生，法國政府為了推廣教育，校外教學是免費入館的。坐在世界名畫前，用鉛筆與畫版臨摹，應當是最幸福的受教方式。

最欣賞米勒的〈晚禱〉，用昏暗的色彩，刻畫禱告夫婦的內心世界，臉龐的神韻，除了虔誠，也充滿盼望，感謝上蒼賜給他們工作機會。《聖經．歌林多前書》裡的〈愛的真諦〉說：「凡事包容、凡事相信、凡事盼望、凡事忍耐，愛是永不止息！」不曉得畫家當時的心境如何，至少畫裡充滿了和平氣息。〈拾穗〉則有著農村富饒的色彩。另外在莫內的庭園畫作裡，也能感受親近自然的舒適。

很想一口氣看完所有的畫作，但受限於時間，僅能走馬看花，館裡不計其數的雕塑品，則是另一種驚奇。往年車站裡的掛鐘還懸在牆上，似在告訴世人，光陰來去匆匆，藝術卻無價，能讓千百年來的世人繼續欣賞，就成了永恆。

羅浮宮曾經是座皇宮，現在卻成了藝術博物館，許多不知名的藝術家，完成了館內一幅幅震撼人心的畫作，和各式各樣的雕塑。有耶穌受難的故事，也有法國大革命的驚天動地場面，和拿破崙遠征的畫面，每一幅畫都是一個故事，將許多藝術家的心血匯集在一起，造就了偉大的博物館。在館內走著，也看著歷史上的王朝興衰，如同登上一座大山，卻充分感受個人的渺小。

藝術家的工藝，可以將傲慢的石頭化作飄逸的長髮和衣裳，也能將莊嚴或自信的表情，表現在雕像中。遍尋不著「斷手」的〈維納斯像〉和「斷頭」的〈勝利女神〉，只好作罷。世界上的偉大藝術品，此生絕不可能一一目睹，看得夠多了，保留一些遺憾或許是下次再來的理由。

〈蒙娜麗莎的微笑〉是不能不說的作品，藝術家達文西將她的神韻，描繪得柔和而生動。但更生動的是博物館內的觀眾，在一公尺的警戒線外推擠，彷彿見到了世界巨星。接近這幅畫，或許能滿足小小的虛榮心，若想好好欣賞，也許在博物館內的賣店，買張明信片就能達成。

對於一個藝術門外漢來說，欣賞了這麼多世界名畫與雕塑，如同用美圖、美學洗滌了心靈。多接觸這些美術作品，也讓視野豐富了起來。世界各地的博物館，還有欣賞不完的藝術品，一生中能去幾處呢？至少在巴黎這座藝術之都，已獲得短暫的滿足。

——原載於《青年日報》（2014.2.12）

第二篇

愛戀英倫

歐洲是人文薈萃的寶地，也是世界上發生最多次戰爭的地方，英國自不例外。孤懸在北海及大西洋之間的英倫三島，有印象中的宮殿、武士、紳士、淑女和一望無際的田野，值得人們深入探索其中奧妙。英國更是文學家的殿堂，擁有最動人的內在美。遠在臺灣一萬多公里外的英國，用柔和的風，喚醒我們沉睡中的心靈；用不一樣的食物味道，刺激了麻痺的味蕾；再用美好的建築與風景，讓我們的視覺煥然一新。到英國的目的，只是為了接觸不一樣的事物，結果卻令人感到無限滿足……

愛丁堡聖十字皇宮的殘破教堂

壯觀的蘇格蘭峽谷

尼斯湖畔風光

英倫旅痕

記得國中時，曾在國文課本上讀過徐志摩的著名散文〈我所知道的康橋〉，對於英國的鄉間風光產生無限嚮往。大文豪筆下的康橋，既輕鬆寫意，又富羅曼蒂克氣息：「靜極了，這朝來水溶溶大道，只遠處牛奶車的鈴聲，點綴周遭的沉默……地形像是海裡的輕波，默沉沉地起伏……順著這草味的和風，放輪遠去，保證這半天的逍遙是你性靈的補劑……」。

沉醉在文學家眼中的英國田野，是年少的綺麗夢幻。直到知天命之年，終於能將數十年來的夢想付諸實現，來到美麗的英國。當親眼看見一望無際的小麥田時，即將收割的小麥隨風搖曳，在高低起伏的丘陵地上舞動，就像大浪包圍著小浪，金黃色的感動油然而生，才知道大文豪所

蘇格蘭高地上的牛群

遠眺倫敦塔橋

言不假。

邀集數個家庭自組旅遊團，一同出國，是件極愜意的事，在旅途中既能相互照顧，也有聊不完的話題，更能共享美景與美食。從行程規劃起，便共同設計了這一段美好旅程。集合通關、搭機出國，一路上更是歡笑聲不斷，用最興奮的心情開始了奇異的異國體驗。有人說：「五十歲的人羨慕四十歲的人、到了六十歲，又羨慕五十歲的人」。每一個人終將衰老，活力逐漸減退，把握當下，便把握了人生不可或缺的快樂。年過半百，又有好友與親人同行，誰能說這不是最大的幸福呢？

十二天的旅程，扣除來回的漫長飛行，在英國一共待了十個晝夜，看見歷史名城愛丁堡的精美古建築，蘇格蘭高地的蒼茫原野、湖泊、峽谷及童話偶像「彼得兔」的故鄉、《愛麗絲夢遊仙境》的牛津。更在心儀多年的劍橋（康橋）大學城漫步，享受蜿蜒清澈的康河景致，見證霧都倫敦古代與現代交織的驚奇。這趟英國之旅，不啻為自然與文化兼具的旅程。

英國人喜歡用「皇家」命名，任何組織、建築、物品，冠上了「皇家」二字，即代表美好與高貴，雖然極為封建，但可見英國人的自豪與驕傲。一百多年前號稱「日不落國」的英國，雖已逐漸褪去帝國的光環，但這個歷史悠久的國家，對世界的影響依舊深遠。在古老的國家找尋人類的文明遺跡，撫今追昔的旅程，充實了見識，用美好與幸福來形容絲毫不假。值得遊客遠離家鄉，暫時放下工作，用繽紛的旅程開闊眼界。

白金漢宮的御林軍衛隊

站在清幽、靜謐的尼斯湖前冥想，異國的湖光山色，多了幾分新鮮感。雖然沒有發現「尼斯湖水怪」的蹤跡，卻敬佩這個民族的想像力。想像力可以豐富生活，如同千百年來文學家所創作的童話故事，滿足了許多需要慰藉的心靈，唯有富想像力的民族，才能啟發更多的創造力吧！例如膾炙人口的《哈利波特》，即源自用古老啟發創新的英國。十八世紀的工業革命，更獨步全球，改變人類的生活與文明。

夫婦二人花了幾個月薪水，換得了內心無限感動和腦海裡永恆的回憶。如同體內的電池充飽了電，再從工作崗位上出發，這樣的開銷是值得的。搭乘十數小時的飛機，來到遙遠的北大西洋，探索古老而風光旖旎的英國，豐富的人文歷史及壯闊的山川，令人忘卻憂煩。懷著暢遊後的滿足歸來，回味起不同民族的風情，更感到人生的多采多姿。人生就像一塊拼圖，英倫去返，也貼上了一塊重要圖案。

——原載於《青年日報》（2014.10.7）

遊歷北國古都

西元七世紀時，蘇格蘭國王薩克遜在愛丁堡築城，一座座的城堡，屹立在險峻的岩石上，成為當時的首都。一千多年來，保留自主獨立的傳統，不停在北國散發光輝與魅力，吸引無數遊客造訪，中世紀的古都風情，展現在這座被綠地圍繞的城市裡。

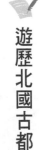

離開臺北，經過十幾小時的長途飛行，來到英國的第一站便是旅途中的高潮——愛丁堡。進入這座古都，立即被一大片灰色老舊，但作工精緻的建築所吸引。灰色的建築，千餘年來一直矗立在北國蘇格蘭，訴說著歷史上的滄桑。遙望城市的每個角落，在花團錦簇中，用綠葉及草坪襯托出每座古蹟的特有氣質，美不勝收。

座落於險峻山崖上的愛丁堡城堡，古時為蘇格蘭人的防禦要塞，歷經與英格蘭數百年對抗，許多設施幾經破壞又重新修復。粗糙的石頭，堆砌出城堡悲涼的容顏，讓人深刻感受城堡慘痛的歷史，與法國中部為君王享樂而建的香波堡有著天壤之別。英國最古老的皇冠、皇杖、寶劍都在內部陳展，城堡外的歷代大臣居所，也和城堡一般，逐漸失去光芒。歷史不會改變，只是逐漸褪色。

愛丁古堡蒼桑的外牆

在行程中巧遇一場婚禮，新郎是一位軍官，穿著蘇格蘭傳統軍服的風笛手，吹奏著悠揚的曲調，讓愛丁堡古堡的氣氛回到了中世紀。

皇家哩大道是一條石板路，連接西端的愛丁堡城堡與東端的荷里路德宮殿，走在這條大道上，就像一幅逐漸開展的風景畫。整片山坡被古老的建築所覆蓋，不斷變換的建築名稱讓人眼花撩亂，彷彿快速翻閱著蘇格蘭歷史文物，時間在此地被凍結了，懷舊與追撫歷史，一直是全世界人們所熱愛的行為。博物館、大教堂等巍峨的哥德式建築，繼續聳立在二十一世紀。舊城還有一座忠犬巴比的墓，更耐人尋味，這隻十九世紀中的忠犬，在主人過世後十餘年，一直守在主人的墓旁，因此牠身後的墓比主人更氣派，故事雖然誇張，但令人感到溫馨。

大道的盡頭是著名的荷里路德宮殿了，這座興建於十二世紀的修道院，在十七世紀重建為一座優雅的宮殿，從一旁的卡爾頓山頂遠眺這座宮殿，有著寧靜優雅的感受，它也是英國女王在蘇格蘭的行宮。聖十字宮殿曾歷經戰火而面目全非，如今還保留著教堂在戰火洗禮後的斷垣殘壁，也是提醒人們，和平重要性的最佳教材。

在愛丁堡的新城閒晃，與充斥古蹟的舊城有著強烈對比。十八世紀時，由貴族與商人造鎮而成的新城區，以漂亮的歐式建築整齊排列在街頭，愛丁堡文學家史谷特的巨大紀念碑，座落在市中心，提醒人們她是一座文學之城。直到今天，愛丁堡繼續產生了許多大作家，例如《哈利波特》的作者蘿琳女士。

雅致的王子街花園開滿了各式花朵，還有一座世上最古老的花鐘，提醒人們用緩慢的腳步，欣賞北國的夏日。蘇格蘭學院宛如希臘神殿，在一旁顯現神祕氣息，也為愛丁堡的美麗加分。面對這樣的美景，拚命拍照，成了不得不為的動作。

位於高緯度的英國，人口僅六千多萬，春秋短暫，夏季常有洪水，冬天則大雪紛飛。氣候條件不佳，為何能在世上維繫舉足輕重的地位、名列前矛的經濟大國？原因即在於對古老與優質事物相當執著，又能努力創新。原本疑惑的我，在參觀了愛丁堡後，似乎找到了答案。

——原載於《青年日報》（2014.8.27）

蘇格蘭高地探幽

一般人對蘇格蘭的印象，大多始於香醇濃烈的威士忌酒。十五世紀時，蘇格蘭人為了取暖而釀造了威士忌酒，到今天發展了各種口味和年份的酒類，其中以高地（HIGH LAND）生產的單一純麥威士忌最為著名，醇酒與壯闊的山河，造就了蘇格蘭人質樸而寬大的心胸。

假如想在短時間內領略蘇格蘭高地的美麗，乘坐火車是最好的旅行方式。那天參觀完愛丁堡古城後，一行人轉至小鎮上的車站，在開滿小花的美麗車站中，親切的男、女警員竟成了大家爭相合影的模特兒。搭上蘇格蘭高地鐵道，火車路線穿過蒼茫高地，眼前高峰相連，用寬闊的原野，伸展了長期承受壓力的心靈，途經許多不知名的

蘇格蘭高地火車小站

湖泊，更洗滌了疲憊的雙眼。利文湖畔的格蘭小城，有長達數十公里的深邃峽谷，受冰河削蝕的尖銳地形與農莊不斷出現在眼前，被稱為歐洲最美的風景之一。在途中人跡罕至的高原上，使人感受到越原始的地方，越能用森林、河流、原野、高峰，展現粗獷的美。

壯觀的蘇格蘭峽谷

座位寬敞的火車，奔馳在原野高地上，儘管內部的裝潢並不如臺灣的高級列車，但在此地窗外的景色才是最奢華的，高地國家公園的景致，在車窗外延展，山峰相連，有時雲霧繚繞，輕風吹過湖邊廣大草原，花草樹木在原野上搖曳，數不清的牛羊漫步在綠野上，城堡在遠處的湖邊屹立不搖，遠觀就像浮在水面上。想像古代軍隊騎馬穿過河谷的景象，在北國的冷風裡，軍人們想必最懷念溫暖的家庭。但古代的戰事已遠，只有原野上的石頭，千百年來默默聽著風的呼嘯。

長達三十八公里的尼斯湖，是蘇格蘭的傳奇之湖，憑著英國人的想像及傳說，已將此地建為遊覽勝境。碼頭邊是一棟棟彩色的建築，加上古老的小堡壘，使湖畔更顯繽紛。用文學配合景物，加上虛擬的情節，多年後讓許多人信以為真，這便是文學家的功力吧！例如《西遊記》中，便有許多虛擬的場景。「尼斯湖水怪」在今天也成了此地的象徵，類似侏羅紀中蛇頸龍的身軀與細長脖子，造成湖中許多想像。在尼斯湖中搭乘遊艇遨遊，讓溫暖的陽光灑在身上，心中沒有面對水怪的恐懼，只有湖光山色帶來的輕鬆感受。

威廉堡是電影《英雄本色》的主要拍攝場景，由群山與湖泊包圍的小城，充滿古老氣息，因此，拍攝古裝劇也無需太多裝飾。永遠記得劇中飾演蘇格蘭英雄的男主角遭英格蘭軍隊逮捕後，從容就義前高喊「FREEDOM」的悲壯情節，在尼維斯峽谷中，山景與水色互補，更顯雄壯豪邁，對照英國戰爭史實，平添悲涼意味。

尼斯湖畔小鎮風光

水波蕩漾的尼斯湖

遠眺經冰河侵蝕後所遺留的瀑布、山谷、谿壑，襯托出英國最高峰——尼維斯峰的險峻。峰峰相連的山影，映照在羅曼湖上，山巒挺立在原野上，也綿延在湖水中，美得令人屏息。在峽谷的鞍部停車，眺望這片淺綠色的草原，張開雙手，享受涼風的吹拂，深深覺得這趟高地探幽之行是值得的，只有高緯度的國家，才能保有人跡罕至的天然勝景，驗證大自然的偉大與人類的渺小。

觀賞優美的山川後，不禁使人感嘆，為何美景在人生中，總是短暫的邂逅？在稍縱即逝的風光裡，只有用眼睛努力搜尋色彩的變換、用耳朵傾聽風的呼嘯，然後大口呼吸，將美麗的景色深藏在腦海裡，留待日後慢慢回味。

——原載於《青年日報》（2014.9.23）

悠遊童話仙境

位於英格蘭北部的湖水地區，讓從小就熟知「彼得兔」的英國人眉開眼笑。翻越康布蘭高原上的山峰後，十六座大、小湖泊相繼出現在眼前，深邃的溪谷、一望無際的翠綠草原，讓遠自臺灣來訪的我們不禁發出一陣陣驚呼。用群山、湖泊、花朵、綠草和別致建築所構成的美麗風景，在古老的英國顯得格外珍貴。在大自然的美景裡，也薰陶了華茲華斯、波特等著名作家，孕育出無數膾炙人口的詩歌與童話。

與蘇格蘭高地的粗獷美不同，英格蘭的湖水地區有許多人工設計的庭院與花園，是一種靈秀之美。溫德米爾湖西方的小鎮裡，一排排的白色房子邊，在春夏裡一起綻放五顏六色的花朵。搭乘遊艇及懷舊的蒸汽火車在湖區觀光，隨處可見翠綠草原上的精緻歐式建築，木頭造的小火車與行進時發出的汽笛聲，讓人們不禁想起美好的童年時光。迎風搖曳的樹木及起伏的小山丘，則是這幅風景畫的背景。

碧雅翠絲・波特是英國最著名的童話作家。在倫敦成長的波特小姐，用《彼得兔的故事》所賺的酬勞，購買了湖水地區的房舍，並在當地相繼完成《三小貓的故事》及《母鴨傑瑪的故事》，在前述系列作品中，所描述的是自己的寵物與周遭的庭院。能在波光粼粼、山色似錦的環境中創作，讓喜愛寫作的我欽慕不已。《彼得兔》系列童話圖書，已暢銷百餘年，從一九〇二年出版迄今，被翻譯成各國文字，發行量超過一億四千萬本，還有更多的周邊產品，如布偶、玩具等，讓波特的作品繼續發光發熱，而她的故居成了重要觀光景點。

彼得兔的塑像

波特小姐所深愛的湖水地區及她的故居，英國人刻意規劃為保護區，由相關基金會守護這片景觀，讓湖泊、農場、土地、莊園繼續保有最自然的純真，提供世界各地的大、小朋友在此追尋彼得兔、傑瑪鴨的蹤跡，也是反璞歸真、美化人心的工作之一吧！波特的故居，在精心布置下，充滿了童話故事的純真與幻想，童話故事裡的彼得兔、傑瑪鴨、小青蛙等主角，在屋裡一再出現，讓遊客不斷回味著美好的童年。

英格蘭湖區碼頭風光

英國詩人華滋華斯也是出生於湖水地區的名作家，一生致力將自然美景轉化為動人詩篇。他在此地完成了〈水仙〉、〈彩虹〉等無數傑作，並在七十三歲時，獲英國王室頒授為「桂冠詩人」。華滋華斯及波特的故居如「萊德山莊」、「頂丘」等房舍，在湖水地區長期對外展示，用切割後的石材，堆疊而成的民房，顯得十分別致。綜觀二人的生平，大多居住在美景如畫的湖水地區，如果少了美景，恐怕無法寫出永久流傳後代的曠世鉅作。

漫步在溫得米爾湖邊的小鎮上，心情就像是街上的房舍與屋外的花朵，充滿令人驚奇的五顏六色，生活的步調也跟著變慢了。在小餐館裡享用午餐，前菜、主菜、甜點的上菜速度一如街上緩慢的人群。倘若店家的動作太快，恐怕也破壞了小鎮的美好氣氛。

家中的櫃子裡擺上一只彼得兔的陶瓷玩偶，是讓美好回憶永久保存的一個方式。重新翻閱童書《彼得兔的故事》，身披藍外套，腳踩棕色鞋子的彼得兔，依然活躍在書上，也活在世界各地兒童的心裡。造訪童話世界裡的人間仙境，讓超人氣的故事主角在腦海留下深刻印象；沉浸於童話與詩的世界，心中感到無限綺麗與溫暖。

——原載於《青年日報》（2014.9.4）

探訪文學家的故鄉

位於倫敦西方兩百公里，美麗的丘陵地帶，就是科茲窩地區。以往是羊毛產業集散地，很有味道的土黃色民宅遍布，牧草包圍著房子，因羊毛而富裕的村莊在此地訴說著歷史。水深只有數十公分的小河，穿梭在村莊裡，窗臺和院子用各式的花卉裝飾，宛如名畫中的風景。沒有什麼名勝古蹟，用小橋、流水、花朵，點綴這片慵懶村莊，居民在此靜靜度過恬適的時光。

在科茲窩的水上伯頓短暫停留，心情突然變得很悠然，原因即在於鄉村的舒

水上柏頓的優閒美景

水上柏頓風光

史特拉福小鎮風光

適與詩情畫意。流水經過一座座莊園，古老的宅第，內部保留英國風格，宛如回到十六世紀。一座座咖啡館，沿著小河而開，清澈的河水上，悠游著一群群的鴨子，使人瞬間忘卻憂煩，假如可以在此地靜坐數日，定可放下人生中許多不如意的記憶。在莊園美景的引領下，來到大文豪莎士比亞的故居——史特拉福，一段美好的文學之旅就在此地開始。

抵達英國亞溫河畔的史特拉福，不免有種朝聖的雀躍，莎士比亞在此出生，並在倫敦嶄露頭角，晚年回到故鄉，並在史特拉福與世長辭。在這座小城裡，可見一棟棟以灰泥及木材建造的都鐸式建築，彷彿回到莎士比亞在世的十六世紀，讓各國遊客絡繹不絕。大街上滿是販賣莎翁紀念品的小店，紀念品可以帶走，對於文學的體驗，就得看個人的領悟了。探訪精心設計的劇場，沿著綠草包圍的亞溫河畔散步，體會文學洗滌心靈的一天。

莎士比亞的故居，被裝修重現大文學家出生當時的景況，家具、日常用品和牆上的裝飾，與十六世紀無異，莎翁父親的皮手套工作坊，也被還原在故居中。為何能在此地培養舉世無雙的大文豪，只有讓遊客用心去體會。功成名就後的莎翁，也在當地購買了一處豪宅，度過恬靜的晚年，至於莎翁妻子安妮的故居，有美麗的茅草屋頂，在精心設計的庭院裡，開滿各式花朵，顯現當年富裕農家的場景，成了觀光景點之一。參觀偉大文學家的故居後，不禁使人想起法國大畫家梵谷位於奧薇小鎮

莎士比亞的故居

的破舊故居，文學家的崛起，通常在生前，而畫家卻在身後，令人不禁感到一陣唏噓。

莎士比亞畢生寫下的三十七部戲劇，縱橫古今，讀者及觀眾跨越種族，並引發各國人士的欣賞與研究，部部扣人心弦，讓人們永久崇敬。記得年輕時期，即欣賞過翻譯本的《羅密歐與茱麗葉》、《哈姆雷特》、《仲夏夜之夢》等名著，對於文學家為何能完成這些偉大作品感到好奇。或許只有文學天才特別關注人性，才能創作與眾不同的人生看法。

莎翁夫人安妮故居二景

莎士比亞的戲劇、詩歌及名言，已在世上傳頌數個世紀之久。除了偉大的戲劇作品外，也有可供吟唱的詩歌，更有許多勵志處世的座右銘。他曾說：「與其做愚笨的聰明人，不如做聰明的愚人」，值得吾人深切省思。「生活裡沒有書籍，就好像沒有陽光；智慧裡沒有書籍，就好像鳥兒沒有翅膀」，一語道盡人生「活到老、學到老」的理由，縱使再過幾個世紀依然適用。我的英倫遊歷，竟順道體會了許多人生真諦。

英國不愧為英美文學的發源地，親自造訪文學家的故居、創作的園地後，發覺良好的環境的確是文學創作的泉源。優質的啟發及永不鬆懈的努力，才能產製影響人類生活的文學鉅作。對於我等欣賞文學的平凡人，能近距離接觸文學家的殿堂，已是極大滿足。

——原載於《青年日報》（2014.9.14）

走過歷史洪流的牛津與劍橋

英國的泰晤士河與恰威爾河，在英格蘭中部的牛津匯流，自從十三世紀創建了最初的學院後，牛津與劍橋並駕其驅，成為英國最高人氣，也是舉世聞名的學府，造訪英國時，更是不能不去的地方。

將牛津與劍橋稱為景點，似乎有辱神聖的學問。到兩處大學城走一遭，只能說是參訪與體會，讓學術的光輝，淨化我們的思緒。到達牛津，立刻能被濃厚的學術氣息所感動，街道上的人們是優閒的，也許放慢腳步，就是思考的必要條件。

牛津大學國王學院

國王學院古蹟

國王學院圖書館

牛津大學城的範圍相當大，十三世紀以來所建的圖書館、教堂、學院均完善保存，更與劇場文學息息相關。《愛麗絲夢遊仙境》即在基督教堂學院誕生，這部童話故事與學院內的景物相符，從十九世紀迄今，已改編為大型戲劇。與牛津有關的還有現代的《哈利波特》及《魔戒》等，讓成千上萬的粉絲前來朝聖，遊客彷彿渴望將自己融入戲劇。在充滿古風建築的街頭，光是散步便有優閒的感受，若想深入研究戲劇與文學，則如同進入寶山搜尋寶物。

基督教堂學院號稱名校中的名校，起源於十二世紀的修道院，仍保留教堂的名稱。古老的藝術彩繪在校內隨處可見。站在校園外欣賞城內最壯觀的校舍，不禁使人產生「古老也是一種美」的想法，學院的餐廳，曾經是電影中「魔法學校」的場景，讓遊客蜂擁而至，只為了一睹那古老又充滿幻想的夢境。

中世紀的殘影，伴隨著藍天白雲，用學術充實了老建築與千萬學子的心靈。直到今天，全世界的高中及大學生，持續研讀著物理課本上的「波以耳定律」，也許能讓牛津大學學院畢業的科學家波以耳含笑九泉吧！

在到處綠草如茵的劍橋大學城中漫步，是愜意的享受，整座城市就如一所無邊無際的大學。欣賞校舍建築，就是一堂審美課程。著名物理學家牛頓即出身於劍橋的三一學院，那天特地參觀了牛頓發現地心引力的蘋果樹，在樹下留影，也算達成了朝聖心願。這座學院更孕育了眾多諾貝

牛頓發現地心引力的蘋果樹

康河風景

爾物理、化學獎得主，可見它在國際間的學術地位。

乘坐康河撐篙，在河上感受迷人的風情。美麗的大學校舍，如國王學院、皇后學院，在河畔的楊柳擺動下，塔頂向天空聳立，紅色的磚牆映照著搖曳的樹枝，美不勝收。坐著撐篙小船，在康河中漫遊，能感受寧靜與舒適，河岸邊的古老校舍，如同中世紀的風景畫，在仲夏的中午，竟有一股股涼意。

徐志摩在〈再別康橋〉中寫道：「……尋夢？撐一支長篙，向青草更青處慢溯，滿載一船星輝，在星輝斑爛裡放歌……」，在康河上看著小船外的情境，簡直是百年前詩歌場景的復刻，令人沉醉與滿足。「……

軟泥上的青荇，油油地在水底招搖，在康河的柔波裡，我甘心做一條水草……」，詩歌是文學家的夢境，對於百年後的讀者而言，康河依舊是嚮往與熱切追尋的目的地。

走過歷史洪流，牛津與劍橋的人才輩出，除了產生二十位英國首相與數十位諾貝爾獎得主外，早已是世界最有名的學府。牛津與劍橋大學城，古蹟林立，也許是造就理論與思想的最佳環境。

在牛津與劍橋的遊歷，成了人生中的難忘片段，雖不若徐志摩三度在此遊學，那般刻骨銘心，但能將文豪的作品，與自己的旅遊感受，套疊在一起附庸風雅，也只有劍橋與康河上的景物才能做到。結束難忘的旅程後，將美景與感受沉澱並收藏在心裡，等待日後慢慢回憶……

如城堡般美麗的劍橋大學國王學院

泰晤士河畔風情

　　位於英國南部、緊鄰歐洲大陸西北方的倫敦，在學階段的歷史與地理課本，描述她既是一座古老城市、清教徒革命的重地，也是英國的首都和現代化的交通樞紐。泰晤士河蜿蜒流過倫敦市區，風光優美、人文薈萃。自幼朗朗上口的兒歌〈倫敦鐵橋掉下來〉，便源自可活動的倫敦塔橋，這座嚮往多年的大都市，終於能在中年之際，得以一親芳澤。

號稱小黃瓜的倫敦金融保險大樓

　　離開浪漫的劍橋，腦海裡滿是康河裡古老建築的倒影，乘車來到心儀多年的倫敦，得以追溯大英帝國的輝煌歷史。放眼望去，有現代的高樓大廈，也有古城牆與充滿歷史風情的大教堂、皇宮與數不清的庭園。相較於世上其他大都會，有一種古今風味交織，卻又不失雜亂的特殊氣質。在倫敦的市區和近郊，有幾處世界文化遺產，雖然不比巴黎與羅馬的恢宏偉大，但也都是英國皇室的精心傑作，彌漫著中世紀以來的懷舊氣氛。

白金漢宮的牌坊

來到倫敦，不能不去大英博物館，感受古今東、西方的文明震撼。這座全世界最大規模的博物館，如同臺北的故宮博物院，花半天絕對無法看完所有的文物，只能走馬看花，留下到此一遊的記憶。在十八到十九世紀間，大英帝國的全盛時期，來自世界各地的戰利品，從古埃及、羅馬、亞洲及歐洲的文物都能看見，包含各類珍寶及藝術品，讓館內的收藏包羅萬象，令人大開眼界。在無數的雕刻、石器及寶物裡，我們彷彿走進了歷史的時光隧道。假如櫥櫃中的木乃伊知道，也許會感到安慰，他（她）們的軀殼竟在博物館中成了永恆。

館內大量的中國古文物，有字畫、陶瓷、銅器等，這些身在異域的文物，原本不在此地，而在十九世紀的鴉片戰爭後，陸續成了英國人眼中的瑰寶。雖然館內的收藏極為壯觀，身為中華兒女的我們，眼見此情此景，內心卻有說不出的感傷。

白金漢宮是英國現代的皇宮，豪華與莊嚴不在話下，身著古裝的御林軍，晝夜守衛著白金漢宮。目睹複雜的禮兵交接儀式，可以想見皇宮內部的尊榮。重視優良傳統，便不可忽略每一個細節，想起臺北忠烈祠的禮兵交接，不也是各地遊客參訪的重頭戲嗎？相信革命先烈們也認同，莊嚴是軍隊的精神表現。

被公園所圍繞的白金漢宮，幽靜而高貴，漫步其間，可以獲得優閒、放鬆的感受。乘座渡船欣賞泰晤士河畔，散布

倫敦聖保羅大教堂

泰晤士河畔的倫敦塔

泰晤士河下游的英國舊海軍學院

著政府機構，公園綠地，卻又讓政治中樞充滿歡樂氣氛，街景有如童話故事般華麗，河畔的聖保羅大教堂與倫敦塔，不論從哪個方向觀察，都像一座精緻的藝術品。一旁的倫敦塔橋，雖因大船不再經過，而鮮少看見橋梁升降的畫面，但遊客還是能夠想像兒歌中所描述的景象。

格林威治的古帆船

搭乘地鐵與輕軌捷運，來到泰晤士河下游——著名的格林威治，這裡曾是英國重要的河港與海軍基地，只是隨著船艦吃水加深已逐漸沒落。穿越一九〇二年構築的河底隧道，想像當年戰火頻仍的景象，走進舊海軍學院的建築內，見證了十六世紀以來英國海軍的興衰，英國海軍大將納爾遜曾告訴官兵說「國家需要你們各盡其職」，到今天已成歷史名言。

數千年來，泰晤士河的水，持續緩緩流過這座美麗城市，在河畔悠然散步，享受縱橫古今的優閒時光。亂中有序的迷人都會，讓遊客不禁努力探索著歷史遺跡與現代時髦風味，讓心情與視野從中世紀走向現代。倫敦之行，充滿趣味和幸福。

——原載於《青年日報》（2014.10.19）

倫敦見聞

如果想在短時間內，快速吸收英國的文化與風情，到倫敦逗留幾天是很好的方式。這座大城市讓在亞熱帶生活的我們，感到處處都有驚豔。不但有便捷易懂的交通、夢幻般的皇宮與城堡、小橋流水的庭園景致，也有華麗的商店與餐廳。

儘管在倫敦市區中，彎曲狹窄的馬路造成從早到晚的塞車景象，但四通八達的百年地鐵，在地底下穿梭著一波波人潮。在倫敦旅行的短暫時光，是一連串的驚嘆號！新加坡早年是英國殖民地，往年到新加坡時，曾讚嘆英國人建設並留下足跡的能力，到了倫敦更對城市的建築與美化留下深刻印象。

壯觀的倫敦西敏寺

在法國觀光時，曾驚嘆聖母院、聖心堂等宏偉古教堂的壯觀，英國也有許多大教堂，其中以位於倫敦市區的西敏寺最具代表性，哥德式的建築，灰色的外牆，窗櫺上全是複雜的圖案，在泰晤士的沙洲上屹立了將近兩千年。西元七世紀時，它是一座大教堂與修道院，在英王亨利八世宗教改革後，成了英國君王登基或安葬的地點。被當地民眾暱稱為「西敏宮」的國會議事廳，也是一座千年古蹟，仰望兩旁著名的維多利亞塔與大鵬鐘，在藍天白雲中，顯得特別祥和。花園、草坪襯托著這些偉大建築，共同見證著聯合王國的興衰與民主化。美景當前，猛按相機快門成了遊客的重要工作之一。

位於倫敦近郊的溫莎古堡，是遊覽英國

倫敦西敏寺塔樓

高聳的倫敦大鵬鐘

溫莎古堡

的最後一座古建築，作為十一世紀守護倫敦的要塞，它的正門設計如同西洋棋中的城堡，也是英國女王伊麗莎白二世的週末度假地。順著古堡的圓塔向上行走，想像皇室平日的生活場景，數不清的繪畫作品及華麗的壁毯，將古堡妝點得雍容華貴。皇室也許是英國人永久的驕傲，在民主國家甚為罕見，在進步中不忘傳統，也是這個民族的特色。在城堡俯瞰泰晤士河流過的高地，幽靜而安詳。溫莎堡相較於巴黎的凡爾賽宮，前者顯露著高貴氣質，後者的極度奢華，則是財大氣粗的霸權表徵。

坐在不知名的庭園裡，眼前是纏著山毛櫸的玫瑰，夏日才有的綠蔭，搭配古意盎然的建築，使人忘卻憂煩。在這麼舒適的環境裡，享受正統英式下午茶，也許是在英國旅行最難忘的午后。酸澀濃郁的紅茶入口，對於喝慣臺灣烏龍茶的我，是口腹上的新體驗，鹹味三明治、英式鬆餅、甜點依序入喉，滿足了旅者的味蕾，讓人不禁流連於倫敦的午后。

二〇一三年秋天到法國旅遊時，看不懂各式的標示牌，感到有些緊張。例如每棟建築物都有的「SORTIE」，到第三天才知道那是出口，在英國則是大家熟悉的「EXIT」，覺得親切多了。假如真要作一番比較，還是法國人較浪漫，而且笑口常開；英國人較為冷漠，神色也較匆忙，但無時無刻展現著紳士、淑女風度。能親身體驗各國文化、風情，也是旅途中的重大收穫。

溫莎堡的城牆

溫莎古堡

進入設備完善的戲劇院，觀賞與聆聽老音樂劇《歌劇魅影》，也是很難得的體驗，當熟悉的歌聲縈迴在耳際，能感受創作者對人生的體驗。動人舞蹈加上場內美好氣氛，讓這部音樂劇連續演出了二十餘年。

在夏天造訪倫敦，是很特殊的經驗。位於高緯度的英國夏日，陽光沒什麼威力，早晚的涼風吹在臉上，舒適與輕鬆的感受立即洋溢在心裡。這裡的夏日百花齊放，彷彿臺灣的初春，於是盛夏的旅行轉變成拜訪春天。泰晤士河始終以柔和的容顏，陪襯著沿岸的美麗建築。與巴黎的古典雍容或紐約的活力匆忙相較，倫敦像是高貴的淑女，始終在北方的國度裡綻放光芒。

第三篇

異國與邊陲風光

許多人遠渡重洋，是爲了圓一個夢。我們所居住的臺澎金馬，也有很多人跡罕至的地方。因爲工作上的需要，我來到太平洋中的夏威夷、南洋上的新加坡，還有國之南疆與北疆。將美好的事物記下來，如同完成工作外的另一項功課。只要轉換一下心情，便能發現，工作中途所見的風景，與旅遊中所見的美景並無二致。離島邊陲，甚至崇山峻嶺，無處不是大自然的傑作。用心去看風景，不僅可以增廣見聞，也留下了珍貴足跡。

東引「三色石」的綺麗海岸（圖片提供／鍾昆霖）

蘇澳軍港的Q版海軍媽祖

鸕鶿歸巢的景象（圖片提供／洪詁陽）

大風口懷古

第二次世界大戰期間，舉世震驚的兩場戰役，除了一九四四年六月六日的諾曼第登陸外，另一場應當是一九四一年十二月七日，日軍襲擊夏威夷的珍珠港事變了。曾經聽過這場戰役的許多故事，也看過電影上戰機蔽空、爆炸火光四射的場景。來到夏威夷歐胡島的大風口，風光雖旖旎，但聽完大風口的歷史背景，不免也蒙上一層哀傷。

一九四一年日軍偷襲珍珠港時，所有飛行員被告知通過大風口可以躲避美軍的雷達偵蒐，直接朝一點鐘方向進襲，而那個方位正好就是珍珠港。剛剛度過週末狂歡夜的美軍，在週日上午遭到日軍無情空襲，最著名的便是亞歷桑那號戰艦，一千多名官兵隨艦直接沉入海中，成了美軍永遠的痛楚。

更久遠的故事還有一七九五年的群島統一戰爭，卡美哈美國王與夏威夷酋長卡拉尼庫普雷發生戰爭，大風口便是最後決戰地點。戰敗的酋長與數百名士

從大風口看海

兵縱身跳下懸崖自殺，以明志節，這是一段令人動容的情節。當年的血腥之地，如今卻成了重要觀光景點。在林木蒼鬱、視野遼闊的懸崖上，倚著觀景臺上的欄杆，心情很輕鬆，難以與兩段傷痛歷史相連結，或許觀景臺上的狂風，已詮釋了歷史的悲涼。

大風口位於陡峭的科歐拉烏山脈，顧名思義就是風很大的地方。不但身上的衣服隨風起舞，帽子也得緊緊抓住，免得被狂風吹走。傾聽大風穿過群山的呼嘯聲，眺望海岸的丘陵和綠地，還有湛藍的海洋，一般人所說的「無敵海景」，大概就是這樣的感受吧！

筆者此生最愛的感覺，便是在岸邊的高山

上看海。登高望遠，海洋變得更加遼闊與安詳。耳朵雖聽不見浪濤的聲音，眼睛卻能看得更遠。遠眺海洋，是一片平和的藍色淨土。從穿上海軍軍服開始，便與海洋相處了數十年，即便是來到夏威夷，或遠赴法國西北岸的英吉利海峽，海洋始終以湛藍的光輝相迎。與海洋的心靈對話，讓筆者從不後悔加入海軍。

聽完動人的故事，搭車前往著名景點，心靈覺得無比充實。大風口對一般遊客而言，是坐車長途跋涉後的小小休息站；對一個軍人而言，卻是值得省思的地方。

——原載於《青年日報》（2014.2.20）

密蘇里戰艦遊記

在軍艦尚未系統化、飛彈化的年代，巨艦與巨砲成了海權的象徵。儘管以往的艦砲並不精準，海戰中頻見砲彈落海後飛濺的水花，然而雄偉的戰艦卻永遠使人心生敬畏，美國密蘇里戰艦即是最好的例子。

二〇〇二年秋天，第一次到夏威夷遊覽，觀光團的首要行程，便是位於珍珠港的亞歷桑那紀念館——一個巨艦沉沒的地方，也是一個值得讓美國人哭泣數十年、甚至更久的地方。白色的紀念館，構建在亞歷桑那號沉沒點上方，將數以千計的殉職官兵姓名，刻在紀念館牆面上，遊客只能用一朵小花，代表對事件的追悼。直到今天，海面上仍不時浮出沉船所漏出的油花。然而，正前方的雄偉戰艦——密蘇里號，卻沒能安排在參訪行程中，甚為遺憾。

遠眺亞歷桑納紀念館

二〇一三年夏天，第二次來到夏威夷，密蘇里戰艦成了非去不可的景點，不能讓自己再遺憾十年。乘車來到珍珠港，尼米茲號航空母艦正好停靠在岸邊，龐大的艦體以及停滿各式戰機的飛行甲板，形成一幅壯觀畫面。而遠處的幾艘神盾驅逐艦，正是現代化海軍的實力展現。

亞歷桑那紀念館與這次參訪的主角——密蘇里戰艦並未被冷落，在福特島上最明顯位置，兩艦遙遙相對，亞歷桑那號沉在海底，用時光撫平傷口，代表珍珠港事變後，美國對日宣戰的開始；而密蘇里號——戰後的受降艦，麥克阿瑟將軍及我國代表徐永昌等人，在此簽署了日本投降書，遊客同時看見開始與結束，也見證戰爭的殘酷與荒謬。

雄偉的密蘇里戰艦

參訪這艘除役戰艦，首先映入眼簾的是一片星條旗海，美國人在很多場合，

密蘇里戰艦的壯觀巨砲

總是將星條旗當做霸權的象徵。海軍五星上將——尼米茲的銅像，矗立在旗海之前，似在告訴世人，珍珠港事變雖挫敗，最終卻用實力贏得海權。碼頭上陳列著各式古老武器裝備，用比人高的砲彈做成圍籬，只為贏得遊客的一聲聲讚嘆。舉世聞名的「勝利日之吻」塑像在碼頭供遊客玩味，當年十八歲的水兵麥克達菲，擁吻素昧平生的二十六歲護士莎恩，如今男、女主角均已辭世，卻留下永恆的一刻。

登上舷梯，第一站當然是十六吋巨砲，曾經無堅不摧的艦砲，成了冰冷的鋼鐵。最輝煌的戰果，就是韓戰時期曾經重創北韓的運輸路線與工業設施；第一次波灣戰爭時，以七百多枚一噸多重的砲彈，讓伊拉克軍事設施癱瘓。想像九支砲管齊射的景象，一定是一幅震撼人心的畫面。

坐在艦長室的椅子上拍照留念，擔任這艘軍艦的艦長，想必是無比的驕傲與光榮。軍艦是戰爭的利器，也是殘酷的武器集合體。密蘇里號在服役四十年後，曾進行大規模改裝，包含加裝了戰斧巡弋飛彈及魚叉攻船飛彈，曾經在我國海軍使用多年的五吋艦砲，成了防空副砲。船堅砲利，正是各國海軍追求的目標，唯有海上強權，才能捍衛和平，爭取國家最大利益，這也許是設立軍艦博物館，想告訴世人的真理吧！

在十餘個樓層的艙間裡，有很大的工作區、住艙與餐廳，還有福利社與郵局。「大」是這艘戰艦的特徵，但若艦上擠滿了編制的三千人，一同工作、生活與戰鬥，就顯得非常擁擠了。緊張與狹窄正是海上生活的寫照，但若胸懷壯志，將眼光放在遼闊的碧海上，就不會為其所困了。

步出船艙，海風在臉上輕拂，巨艦如同六十餘年前一般雄壯。當了三十多年海軍的筆者，終於一償夙願，登上全世界最大的作戰艦。在電影《超級戰艦》擔綱，擊退外星人的密蘇里戰艦，雖已不再光輝耀眼，但在人為努力下，這艘美麗戰艦可以減緩鏽蝕，告訴更多世人和平的重要性。對於國軍官兵而言，也是對日浴血抗戰八年後的光榮句點。在海軍服務多年後，戰艦也帶來莫名的熟悉感，懷念起往年的海上生活。

——原載於《勝利之光月刊》（2014.11.1）

夏威夷采風

一般人對夏威夷的印象，大多認為她是浪漫的島嶼、度假與蜜月的聖地。步下飛機，立刻能被一幅幅熱情的海報所吸引，頭戴花冠，身著草裙的坡里尼西亞女孩，時而緩慢抒情、時而快速鼓動，用身體的律動，歡迎來自遠方的遊客。所以，到夏威夷的第一個感覺，便是心靈上的完全放鬆。

漫步在威基基的街頭上，優閒的氣息湧上心頭。不分國籍與膚色，穿著露出腳趾的涼鞋或拖鞋、無袖或圓領運動衫……，這就是屬於夏威夷的常見服裝，寬鬆而印有大花的夏威夷衫，也就是正式服裝。夏威夷位於太平洋中央，四面環海，沒有颱風或地震，受到海洋的調節，一年四季的溫度都在攝氏二十五到三十度之間，四季都能戲水，燠熱與寒冷遠離了這座群島，前述的裝扮成為常見服裝也就不足為奇了。

第一次到夏威夷，是在十餘年前。在熱鬧的威基基海灘漫步，與熱帶魚一起游泳，並觀看坡里尼西亞女孩的「電臀」舞蹈、看火山遺跡，開沙灘車、騎馬……，還搭乘「愛之船」，出海享受落日餘暉，那是一次美妙的異國旅遊經驗。飛越太平洋，來到數千公里外的島嶼，享受步調緩慢的旅程，在秋天的海風吹拂中，聽著優美的南太平洋原住民歌曲，啜飲「邁泰」雞尾酒，留下了最柔美的回憶。

十多年後重回夏威夷，除了建築物更密集、交通更壅塞外，海風依舊宜人。從歐胡島的西南側遙望遠處高聳的鑽石岬，令人不禁詠嘆：這就是最美的南太平洋！在高樓上晚餐，足下的海灣是雲集的帆檣，伴著火紅的夕陽，咀嚼地方風味特餐，幸福感油然而生。一生中遊歷過許多地方，唯有此地，能讓人產生全然放空的感受。

來到檀香山，不能不到國民革命的發源地——興中會參觀，一八九四年，國父孫中山先生在夏威夷的檀香山創

檀香山興中會遺址

設了興中會，革命的浪潮於焉啟始。而現今興中會遺址，已成為當地華人的聚會場所，古色古香的建築建在異國，也道盡了苦難中華民族的美麗與哀愁。難以想像，在沒有噴射客機的時代，於海外奔走革命，需要多大的決心與毅力？

廣場上的國父銅像兩旁，用中、英文對照，載錄了國父的主張、理想，以及興中會的由來。參觀了這座銅像，等於重溫了一段國民革命歷史。一旁的小公園內，有很多老人正在下棋，革命成功已超過一百年，興中會成了華人休憩中心，當年的革命鬥士們恐怕始料未及吧！

夏威夷最美的景色就是永遠看不膩的海景了，從威基基海岸出發，沿著山邊的環島公路，可以看見火山熔岩堆積的高地，從海底竄升的山脈，呈現條紋狀，樹木稀少，狀如恐龍的背脊。海岸受地形所

興中會前的國父銅像

形成的激浪區，永遠有許多衝浪及駛帆的愛好者在海中冒險。數不清的別墅，建築在壯觀的海岸線及山谷間，內陸形成的海灣，則是養老的好地方。我站在西北海岸邊，被迷人的海景所感動，搭上直升機，更被天堂似的自然景觀所震撼。如果這裡不是天堂，天堂就沒什麼可讚美的景色了。

花香四溢的新鮮空氣，讓到此地的遊客活力十足；溫暖平靜的海水可以忘卻憂煩；島上令人嘆為觀止的自然美景令人精神倍增。綜觀四海，世上沒有任何地方比得上夏威夷，回憶我的夏威夷旅行經驗，是值得一去再去的地方。

——原載於《青年日報》（2014.7.2.）

星洲物語

位於南洋的新加坡，素有「花園城市」的雅號。總面積七百一十六平方公里，人口有五百三十萬，既是一座大城市，也是一個獨立國家。兩度來到新加坡，對於四季如夏的氣候、繁忙的交通、從未停止的建設，留下了極為深刻的印象。

雖然每次到新加坡的理由不同，但都感到新鮮與舒適，原因在於她的不斷求新、求進步。漫步或搭車經過新加坡街頭，立刻能被綠樹成蔭的街景所吸引。照理在繁華的商業中心裡，街頭應當是被水泥叢林所覆蓋，但在他們的決心下，參天古木能與商業大樓並存，隔著高樓的落地窗向下望，竟是一大片不斷隨風擺動的樹梢。

對於新加坡的深刻印象，始於守法的行車秩序和乾淨的街道，相較於法國巴黎市區的亂鳴喇叭和隨處可見的菸蒂，星洲似乎略勝一籌。儘管法國人認為他們已經繳了那麼多所得稅，政府有義務將街道保持乾淨，就個人觀察所見，新加坡人的公德心，值得我們的市民學習。

二十年前，全家人一起到新加坡遊覽，對於這個國家在人口密集、寸土必爭、資源缺乏的狀況下，還能創造財富，深感神奇。也許四季如夏、沒有天災威脅的天候條件、深水良港和國際航運必經的地理優勢，正是她不斷發展的重要原因。記得那年的觀光行程，除了市區內的鳥園、蘭花苗圃，還包括聖陶沙的度假飯店與鄰近海域的巴淡島，對於華語或閩南語也能通的這個地方，感到格外親切。

再訪新加坡，發現華語已不再適用於每個場合。這個城市國家用英語與世界完全接軌。用高科技與充滿噱頭的建築，誇張地告訴世人，她是南洋最閃耀的一顆星。以科學方法，將回收的廢水轉換成一瓶瓶礦泉水，在其他國家搜括巨大的樹木，在城市中用錢打造人工的森林。令人佩服執政者的決心。儘管身處先進的星洲，坐在路邊小店品嘗南洋「果王」榴槤時，我還是比較想念臺灣享用不盡的各式水果。

新加坡晚晴園

「晚晴園」是國父孫中山先生在南洋的革命根據地，超過百年的建築，至今保存完整，有雅致的庭院，內部蒐整了各式古老的史實資料，有當時鼓吹革命的各種報刊、傳單、老照片、日常用品等，值得國人前往懷舊。巨幅的油畫描繪出當年國父在星洲演說的場景，萬頭攢動，令人動容。對照大門口「百戰故人今健在、白頭重話晚晴園」的對聯，緬懷當年國父革命的出生入死、克服萬難，讓後代的遊客不勝唏噓。

由於地理位置特殊，扼控麻六甲海峽出入口，新加坡在第二次世界大戰之前，一直是大英帝國在東南亞最重要的戰略據點。一九四二年至一九四五年間，新加坡曾被日本占領三年半之久，其後回歸英國管理。直到一九六五年，才脫離馬來西亞獨立建國。歷經戰亂、殖民統治，這個國家卻能日漸壯大，建立自主的國防武力，保留了各項歷史遺跡，也包容了各國文化，從各種特色的飲食便可察覺。在享用了很多特殊口味的飲食後，深刻感到世界太大了，一生能去的地方有限，必須珍惜人生中的每一段旅程。

嚴格的法令要求，並限制人民的部分自由，達成了星洲迅速發展的目標。儘管開車必須付出天價的牌照費，仍阻擋不了市區有如過江之鯽的車輛。高昂的物價及欠缺人情味的規定，相較於現在生活的環境，我還是最愛舒適而自由的臺灣。

夜遊新加坡河

繁華的新加坡，白天用各式宏偉的建築、數不清的摩天大樓，美化了天際線景觀。夜裡更用五光十色的絢爛，照亮這座大都會。夜遊新加坡河，使遊客留下難忘的視覺回憶。身處異國，若能尋求感官上的刺激，看不一樣的事物，確能激起心中莫大漣漪。

天下之大、輪舟之奇，惟有親臨現場，才能體會其中奧妙。那天在新加坡古老的商店街品嘗了古早味的沙叻和搪瓷杯盛裝的紅豆牛奶冰後，來到全世界最大的摩天

新加坡濱海灣夜景

輪——新加坡飛行者，才發現從高空看城市，有最佳的夜景，各種燈光在腳下，形成奇妙的幻影。

搭乘大型摩天輪觀賞夜景，是遊覽新加坡的重頭戲，可容納二十餘人的透明車廂，讓整個新加坡的精華盡入眼簾。在短短數十分鐘的旋轉過程中，隨著車廂升高，周遭的景色也更豐富，有著名的天空之樹、金沙大酒店、F1賽車場等，夜裡都用璀璨的燈光，化身為色彩繽紛的夢幻之境。新加坡河邊的建築，讓這座繁華城市在五顏六色中，顯得益發耀眼，隨行的友人介紹對面的摩天金融大樓，不分日夜，都有人在裡面努力工作，沒有時差，與歐美的金融機構同步作業，原來這就是全球化的金錢遊戲。

短短數十分鐘，令人領略，人工化的雕琢，能讓這個城市國家光輝燦爛，使人炫惑並迷醉在美景中。在大飽眼福後，內心產生旅遊中的幸福感，出國旅行，原來就是為了觀賞不一樣的景色，讓心靈獲得休憩。

新加坡之夜的第二段旅程，是搭乘遊艇，暢遊星洲最美麗的水域——新加坡河。全長約十一公里的新加坡河，是新加坡的主要河流之一，英國殖民者萊佛士爵士於一八一九年在新加坡河口登陸，自此新加坡漸漸發展成歐亞之間的重要國際港口。

新加坡河河口處正是新加坡的中央商業區所在，河邊摩天大樓林立，在夜晚紛紛點亮迷人的燈光，是除了濱海灣之外，另一個欣賞新加坡夜景的地方。河畔的克拉碼頭，提供遊客在此的飲酒賞夜景。兩座晚上亮燈的橋梁，將遊客的目光引領至河畔的浮爾頓酒店。這座建於一九二八年的殖民地建築前身為浮爾頓堡壘所在，一九九七年改建為現代的五星級酒店，光彩奪目、美不勝收。

遊艇在河上循著粼粼波光緩慢前行，一邊播放著星洲獅城的歷史，眼前竟是現代化的建築與風光，終點來到魚尾獅公園。這座新加坡的標誌——白色魚尾獅像，在夜裡噴出高聳的水柱，吸引各國遊客到此拍照。眼前的金沙酒店，則在夜裡發出驕傲的光輝。

暢遊新加坡六天，走遍了博物館、知新館、金沙酒店、環球影城，心裡覺

新加坡的魚尾獅像

得還是新加坡河的夜晚最為迷人。美麗的南洋之夜，在光芒四射的閃耀中，讓人忘卻煩惱，在水波蕩漾中，回顧河流與歷史的關係，令人珍惜秋風拂面的清爽。腦中帶著光輝的殘影返回飯店，尋求另一段好夢。

——原載於《青年日報》（2014.6.7）

北疆漫遊

馬祖及東引列島，是國軍戍守位置最北邊的島嶼，其中東引設有「國之北疆」參觀景點，與南沙太平島的「南疆鎮鑰」有異曲同工之妙，成為很多國人想親身體驗的地方。

早年交通不便時，去馬祖或東引只能搭乘定期運補的軍艦，既慢又搖晃的旅程，成為軍民最大夢魘。聽說以前中午就得在基隆港搭乘俗稱「開口笑」的運輸艦，過了幾個小時，野柳半島還在左手邊。如今馬祖早已有了南、北竿機場，東引也有了快輪。一個小時內，場景即可從繁華的臺北轉換成外島戰地。晚上十點鐘開船，天亮時也能抵達東引中柱港。雖然交通較為便利了，但人們的心目中，永遠認為馬祖與東引是遙遠的北疆，至少離

東引的「國之北疆」（圖片提供／鍾昆霖）

家遠赴外島的官兵是這麼覺得。

由於軍校畢業後，一直沒機會在馬祖及東引任職，因此，對馬祖的第一印象，也是近年在國防部任職時的部隊督考。最深刻的記憶，是「合富輪」停靠福澳港後下船吃早餐，詢問老闆娘蛋餅為何沒有煎熟？得到的回答竟是「馬祖的蛋餅就是這樣，不習慣就不要吃！」但早餐費用必須照付，閩北人剽悍的個性可見一斑。

隨後幾年，常有機會到馬祖及東引出差，當抵達南竿島時，立刻能被峭壁上的「枕戈待旦」四個大字所感動。數十年來，這四個大字時時提醒著軍民，必須克服外島戰地的不便與困難，誓死捍衛這座群島。道路沿著山坡而建，在險惡的地形裡，居民建立了自己的家園，軍人修建了無數碉堡與陣地。菜市場裡，最大的商家是漁販，海洋是小島的母親，永遠哺育著島上的軍民。

在凜冽北風的吹襲下，千百年來不變的是島嶼壯麗風光，站在北竿的天后宮前，凝視此生最愛的海洋，芹壁村的老房子，依舊閃爍著過往光輝。遠眺現今樸實寧靜的村落，煩亂的心情卻得以暫獲平靜。馬鼻灣是以往運補軍艦避風錨泊之處，軍艦在此處等待潮水登陸，雲層較低時，北竿島上的山峰，如同海上的仙山。將軍詩人汪啟疆曾在此處詩興大發，詠嘆造物者的神奇巧手，也寫下遙遠的思念。如今馬鼻灣成了北竿機場的跑道頭，更不斷帶著遊子返鄉的熱情飛返臺灣。站在壁山的最高點上，欣賞如畫的海灣與島嶼，在不規則的海岸曲線中，找到了優閒與寧靜。

相較於馬祖，東引的地形更為險惡，在數十年的軍事管制下，意外造就了不平凡的天然景觀、峭壁、怪石和出奇平靜的海灣。乘車經過沿著山脊修建的道路，閉上眼，竟想起大陸的萬里長城，山脈雖美，它更是屏障臺海的海上長城。在開放觀光的三三據點上，走上絕壁，俯視兩支突出海面的岬角、玄武岩和岬角上迎風挺立的樹木，想像用雙手環抱這片奇景，產生「登泰山而小天下」的同感。

曾經在東沙島上的「南海屏障」石碑前留影，也到過南沙太平島——我國最南方的島嶼，輕撫「南疆鎖鑰」石碑，兩者在南海的輕風中顯得熱情洋溢。而東引的「國之北疆」景點，在北風中流露著蒼茫。雖同樣是邊陲地帶，卻都是軍人誓死捍衛的疆土。望著桌上北竿壁山莊留影照片，兩旁寫著「一柱擎天，捨我其誰」，相信北疆列島上的軍民，都有相同的豪情壯志。

北疆的冬天很冷，低溫又物資缺乏的環境裡，軍民胼手胝足，將馬祖和東引造成海上公園。儘管島上的軍人一年比一年少了，但在無可取代的地理位置上，它們依然是海上最堅實的堡壘，每一次出差，都有著相同感覺。數十年來，只有島上的燕鷗知道，在那些壯麗的海岸峭壁上，永遠不變的綺麗海景。難得一見的黑嘴端鳳頭燕鷗——傳說中的天堂鳥（神話之鳥），永遠在北疆天堂幸福翱翔。

——原載於《青年日報》（2014.3.8）

春風輕拂小金門

位於金門西南隅的蕞爾小島，便是俗稱「小金門」的烈嶼鄉。因為工作上的需要，曾經幾度造訪，每次到達俗稱「戰地中的戰地、外島中的外島」的小金門，總有些特殊感受。五十幾年前，金門地區歷經戰爭洗禮，然而山河依舊，草木仍然翠綠，只是人事全非。當年身經戰火的金門居民或軍人，想必有更深刻的感觸。

冬天的午后，站在金寧鄉的慈堤上，遠處是一片蒼茫，鸕鶿在岸邊找尋小魚的蹤影。除了耳邊呼嘯的北風外，靜寂的岸

古寧頭沙灘的軌條砦（圖片提供／洪誌陽）

邊顯得特別荒涼。沙灘上一根根的軌條砦，訴說著古戰場的故事，遠處漳州電廠的三支大煙囪，矗立在對岸的大陸上。小金門就在西南面的海上，孤鳥、孤島及孤獨的人在這一頭、繁華的廈門在另一頭，很難與國共對峙數十年的歷史相連接。

從大金門的水頭搭渡輪到小金門，只要二十分鐘航程。大膽島上的大型標語「三民主義統一中國」，在醒目的地方懸掛了數十年，來往金廈的旅客，以及進入廈門港的船舶也看了數十年。從水頭碼頭到九宮碼頭，短短數浬的航程，搭載了多少軍人與百姓的鄉愁，昔日九宮坑道裡運補小艇隆隆的馬達聲已不復見，遊客只能倚在欄杆上緬懷往昔軍人保衛疆土的辛勞與奉獻。

小金門的美，在於她的靜謐與民風淳樸，昔日戰車走過、重砲壓過的戰備道，如今已大多改為單車專用道，跨上單車，馳騁在環島公路上，靜極了，耳際只有微風掠過木麻黃樹梢的沙沙聲。田野上芋頭與高粱的葉片隨風搖曳，村落裡的民宅，見證著昔日的繁華與今日的樸實。老人們坐在門前，用特殊的腔調問好，如果你願意聽，任何一位老人都可說上三天三夜，屬於五十幾年前砲戰的故事。在落彈如雨的砲戰中，如何帶著小孩，走過那段烽火歲月。島上的軍人雖然越來越少，但「八二三砲戰」，永遠是軍民心中永遠鮮明的記憶，在「湖井頭戰史館」裡，見證了那段歷史。

到小金門的朋友家中作客，熱情絕對不輸大金門與臺灣。餐桌上的土雞、芋頭與其他海味，都是當地的產物，吃在嘴裡，溫暖在心裡。地下室原是為了躲避砲彈而設計，如今卻成了取之不盡的酒窖。當暢飲濃烈的高粱酒後，不禁使人想起古時「鐘鼓饌玉不足貴、但願長醉不願醒」的名句。餐後在樸實的民宿小住一晚，在滿天星斗下闔上雙眼，腦中卻不斷浮現當年的砲戰幻影，那是個難忘的小金門夜晚。

汽車穿過不知名的戰備道，來到紅山頂上，立即被眼前的景物所震懾。原來小金門這座小島，也有樹木成林、阡陌縱橫的景觀。在這座離大陸最近的島上，海洋成了陪襯的景物，對岸是繁榮的廈門市，櫛比鱗次的高樓，使人無法

從小金門海岸眺望廈門（圖片提供／洪誌陽）

想像過往的戰事。假如砲戰重新來過，用人煙稀少的農村對比人口密集的都市，對方必然損失慘重，但沒人願意再承受一次戰爭的苦難。

春天的濃霧，持續籠罩著大、小金門，還有一旁的大、二膽島。這些充滿戰爭歷史的島嶼，用濃霧洗滌傷痕，已逐步建設成美麗的公園。相較於大金門，小金門有種特殊的淳樸之美。

——原載於《青年日報》（2014.3.25）

永懷金門

早些年當兵的人，如果抽中外島單位，就說是中了「金馬獎」，意味著要很久很久才能回家。雖然現階段到外島服務的假期正常，不再是可怕的夢魘，但到金門服務，對個人而言，卻是很難得的回憶。用一年多的時間觀察美麗的金門，也在內心留下了最深刻印象。

位於福建東南一隅的金門，早已是馳名中外的前線外島。民國三十九年至四十七年間，發生多次著名戰役，如「古寧頭戰役」、「九二海戰」、「八二三砲戰」等，國軍多次粉碎了共軍企圖後，換得了寶島臺灣五十餘年的安定。歷經物換星移，如今金門駐軍變少了，也成了海峽兩岸交流的重要港埠，但金門仍是重要的歷史據點，在戰爭與軍事陣地的遺跡中，仍嗅得出濃厚煙硝味。

民國九十一年到金門報到時，正好是中秋節過後，豔陽已然失去了威力。在蕭瑟的深秋裡，落葉遍地，但清新的空氣帶來振奮的精神，樹梢上的伯勞鳥及喜鵲每天忙碌工作著，在沒有噪音的環境裡，鳥囀形成悅耳的交響樂。當冬天來到之際，成群的鸕鶿用排泄物將太湖邊的木麻黃染成雪白色，形成雪景假象。觀賞金門的鳥類，值得長時間的用望遠鏡與相機記錄牠們的生活作息。

在金門料羅的日子，是一段很長的優閒時光。每日下午，信步走向阡陌縱橫的田野，細數路邊出現的黃牛數量是人類出現的好幾倍，一片片結實纍纍的高粱與小麥，搭配圓頂馬背或燕尾的磚房。富足的綠野，使人忘卻腳程的辛苦。偶爾發現的歇業小店鋪，竟是廢棄的兵舍，菜單用軍隊的公布欄寫成，一旁還有「盜賣軍品——移送法辦」的警語，令人莞爾。兩旁濃密的樹蔭，讓空氣格外清甜，也忘卻了刺骨寒風。

在嚴酷環境中生長的作物，也造就了高粱酒的凜冽。高粱蒸釀後所產生的酒糟，用來作為牛隻的飼料，可讓牛肉更加鮮嫩，這是臺灣農村所缺乏的有趣食物鏈。

在金城與沙美的菜市場裡，沒有臺灣市場的人聲鼎沸，老房子與稀疏的攤販，很像古裝劇裡的市集，引發人們的思古幽情。總喜歡在假日上午爬山後，到市場喝一碗濃稠的廣東粥，老闆堅持每碗都得現煮，飢腸轆轆的等待，讓食物多了些許美味。

臺灣的喜宴，桌上頂多放著幾瓶紅酒或啤酒，在金門喝喜酒，則是每桌一箱高粱酒，兩旁還有堆積如山的備用酒。在不斷的推辭及淺酌後，竟也能酩酊大醉，算是一種難得經驗。有名的小吃店，總在深邃的樹叢後，唯有酒後，才能憶起往年砲火頻仍的雜沓，尋找兵馬倥傯後的淡泊。對比戰史館中的悲壯史實，醇酒使人忘記流血的痛楚，原來這就是金門的最大特色。

離開金門數年後，曾經多次再登料羅的山頂，小路兩旁的仙人掌依舊綻放著黃花。俯視新頭海灘與東半邊的港灣，曾經在這裡吞下太多思念情緒，藉著蒼翠的樹林、浪花激起的樂音忘卻憂煩。在歷史與自然美景的交織中，豐富了人生中的一小段，卻帶來綿長的回味。

金門雖只是個濱海小島，但在此地生活一年多後，卻充滿無盡的回憶。假如人生像一趟火車旅程，金門無疑是曾經落腳的一處重要大站，在金門的回憶是永恆的。

——原載於《青年日報》（2014.4.17）

菊島寫真

春、秋季時分，澎湖群島四處開滿了「天人菊」，它是一種黃色小花，與花店販售的大朵菊花不同。在風中搖曳時，展現堅韌的生命力，最難能可貴的是，它常在荒蕪的草原或石縫中生長。常見無法耕作的貧瘠草原裡或仙人掌茂密的旱地上，開滿了小巧的天人菊，黃花伴著紅土及稀疏的綠草，形成島嶼上的特殊景觀，因此，澎湖有了「菊島」這個特殊名稱。

第一次到澎湖，是在念海軍官校四年級的環島航訓，只記得是一連串的表演及民眾參觀艦艇，隨後與同學在街上亂逛，沒留下太深刻印象。畢業後的第一次任官，陽字號軍艦停泊在測天島軍港，扛著一大袋行李，搭「臺澎輪」到馬公報到，心中有著無限淒涼感覺。軍艦不斷出海偵巡，進港後被留在艦上看書。幾個月後，除了軍艦四周的港灣、島嶼外，並不了解屬於菊島的特質與風土人情。

合計十幾年的艦艇工作，去過澎湖多次，除了偵巡、待命外，還有艦艇的定期保養，因此得以逐次了解這座群島。海風是澎湖免費且無限供應的產物，它可以吹亂人的心情，卻吹不去星羅密布的島嶼。站在測天島碼頭邊，環顧澎湖海灣的壯麗景色，除了心曠神怡外，還有一種孤獨感受。湛藍的海水，搭配穿梭走過的漁舟，以及偶爾經過的軍艦，使人確信菊島是海上遊子永久的港灣。對岸的風櫃尾、四角嶼和遠處連接西嶼的跨海大橋，則是這幅風景畫中永遠不變的布景。

菊島的美，在於她多變的海灣曲線。夏天時，用陽光的豔麗色彩，層層塗抹在海岸線上的沙灘與礁石上，冬天到來，用季風捲起的白色浪花，點綴著海邊漁村。乘車經過島上的大街小巷，咕咾石堆砌的老房子隨處可見，儘管戶外的景致多變，唯一不變的是每一座房屋內的家庭溫暖。乘著軍艦進入澎湖灣，島嶼在視線中緩緩後退，時間的腳步彷彿變慢了，在海天一色、浪花拍岸的景色裡，菊島如同心目中永遠的海上公園。

菊島的民眾是刻苦而淳樸的一群，曾經去過經國先生最喜愛的小吃店，因菜點得太多而遭老闆糾正。呂九屏先生將照片逐一掛在牆上，讓遊客看見他的努力與經國先生的簡約樸實。除了海鱺魚、蝦、蟹及各類貝殼外，菜市場的牛雜湯是不能不吃的美食，此外，澎湖的絲瓜和迷你型的茼蒿菜，則透過不同的滋味，讓遊客體驗離島風情。

最喜歡漁翁島燈塔的風光，英式建築將這裡妝扮成異國仙境，燈塔在夜裡指引著行船的人。年輕時在軍艦上服務，在遙遠的海上發現她，用碼錶測算幾秒鐘發出一次光芒，確認菊島位置以及返航方向，站在觀景臺上，用反方向觀賞前方的茫茫大海，卻意外懷念起過往的海上生活。

在西嶼的尾端，曾意外發現遍地的仙人掌，有些開著紅色與黃色小花，有些結實纍纍。唯有仙人掌與天人菊，才能在極端的環境裡生存。輕輕啜飲著菊島仙人掌汁，略帶苦味但充滿甘醇的口感，正好是遊子在此地的心情寫照。

閩南語的澎湖稱為「平湖」，意即港灣就像平靜的湖泊。不管外海的風浪多大，這裡永遠是疲憊水手心目中的休憩站，用數以百計的美麗礁盤與島嶼，圍繞成海上天堂。儘管冬天時這兒有刺骨寒風、夏天時豔陽酷熱，海上的水手與漁夫卻永遠喜愛這裡。只有平靜的港灣，才能儲備下次向大海挑戰的能量，如同菊島上的天人菊，永不向惡劣的環境低頭，而天然的美景，成為筆者喜愛這座群島的理由。

——原載於《青年日報》（2014.4.9）

重返琉球嶼

琉球嶼又稱小琉球，位於屏東縣，與日本的琉球群島不同，她是南臺灣的一顆海上明珠，從東港搭船約需四十分鐘。二〇一三年有名的「廣大興28號」遭菲律賓公務船舶攻擊事件，即為屏東琉球籍漁船。

用那次事件當作文章的起頭似乎有些悲涼，但事實上，小琉球是座美麗的島嶼。生平第一次去小琉球，是在預校一年級（高一）的週日班級旅行，一群少不更事的小伙子，隨著老師及隊職幹部出海去旅行，興奮的心情自然難以言喻。翻著老照片，那一張張稚氣的臉龐早已逐漸老去，同學們多半已退伍還鄉，而老師們也失聯多年。但想起那次小琉球之行，仍有部分鮮明回憶。

從空中鳥瞰小琉球，像極了一個腳印，也許是天使遺留下來的吧，才能在臺灣的西南海域，永遠閃爍著光芒。這座珊瑚礁所構成的島嶼生態豐富，其中最有名的花瓶岩，像極了一只擺在岸邊的花瓶，由於底部受海水侵蝕，形成上

小琉球的花瓶岩（圖片提供／李祥銘）

粗下細的形狀，頂部長滿植物，如同花瓶上的花草。美人洞則是岸邊的天然洞穴，在洞裡可聽源源不絕的浪濤聲，洞外則是碧波萬傾、海天一色的景象。

記得第一次小琉球之行，是以步行的方式走遍全島各個景點。其他知名的還有龍蝦洞、望海亭等，每張舊照片都有清楚的地名標示，翻完這些照片，如同再神遊一次小琉球。在那個淳樸的年代裡，海之邊陲想必更加淳樸，只是記憶中的印象早已逐漸模糊，如同照片中的老同學與老師長。

在海軍艦艇單位服務的多年裡，從海

上觀賞琉球嶼則是常有的經驗。當軍艦離開左營軍港向南行駛，琉球嶼彷彿近在咫尺，在地平線中悄悄出現，然後逐漸變大，幾個小時後就在左手邊出現，一整片低矮熱帶灌木，將足印形狀的島嶼妝扮成綠色，建築物點綴其間，就像一座容易使人遺忘的樂園。小島用湛藍的海水包覆、白色的浪花拍岸，就像永遠吹奏不停的熱帶情歌。隨著軍艦繼續南駛，島嶼又在身後漸漸模糊，最後消失在地平線上，水手們知道離家越來越遠了。當軍艦完成任務北駛時，琉球嶼又以相反的順序在右手邊出現，期盼多日的港口就快到了，景物無異，只是

小琉球的珊瑚礁海岸（圖片提供／李祥銘）

心情大不相同。

燈塔是護佑海上遊子的明燈，小琉球燈塔亦然。當年在救難艦服務時，艦上的雷達無法長時間開啟，嚴格的艦長要求以古老傳統的方式定船位，因此小琉球燈塔便成了夜裡的重要參考點。每二．二秒閃光一次的燈塔，照亮二十浬內的船舶，人雖不在小琉球上，在每次航行時，卻都凝望著這座島嶼。

三十七年後，終於有機會重返琉球嶼，督導小島上唯一的部隊。當交通船駛離東港時，有種莫名的感動，奇石遍布、絢麗的風光依舊，在各外、離島中，琉球嶼似乎是距離最近，但也最不容易到達的地方。在東北季風的吹拂下，島上的景物依舊，不知島上的居民是否知悉，曾經有人從各種角度觀察這座島嶼，並在心中留下無法磨滅的記憶。

——原載於《青年日報》（2014.5.23）

東沙島懷想

服役生涯踏遍外、離島，盡賞邊陲風光，無論是東引，或大金門、小金門、澎湖、小琉球等人跡罕至之處，都有明媚的風光，尤其是絕美的東沙島。

離開美景如畫的東沙島，匆匆已過二十四年，二十餘年來，常在夢中回到那座南海中的孤島，在廣大環礁上突起的人間仙境。一座用珊瑚風化而成的小島，一座用熱帶魚護衛的小島，還沒到島上，已被腦海中想像的五顏六色迷醉，到了東沙島，才能實際讚嘆屬於大自然的傑作。

去東沙報到前，曾被那紙薄薄的人事命令所震懾，東沙守備區是個沒有百姓、沒有商店的地方，是怎樣的蠻荒之地？報到前還得先完成體檢，確定沒有重大傷病，以免當地醫療資源不足產生問題。登島後才發現，當地不但沒有電視，甚至沒有報紙……，二十多年後，生活條件早已大幅改善，如今回想，發覺東沙島之美，即在於她的自然未經雕琢，如同未施胭脂的美女。

攤開海圖，東沙島位於南中國海北面，一座孤立的環礁上，全島呈U字型。正因為這些不簡單的條件，島上有綿延不斷的白色沙灘、潟湖景觀，也有熱帶獨有的灌木叢、海鳥、貝殼、數不清的魚類、龍蝦和清澈見底的海水，在全島任何角落舉目四處遙望，皆可見到碧海藍天。

沿著機場跑道向前奔跑或漫步，溫柔的海風在臉上輕撫，左側是蝦蟹成長的潟湖，右側是一望無際的海洋，甚至可以閉上雙眼並張開雙手，享受陽光的溫暖；只要張開眼，又可享受火紅的夕陽。彩霞滿天的奇景，在都市中可遇而不可求，在東沙島卻唾手可得。懷著發現新世界的心情，找尋鷗鳥和水中若隱若現的礁磐，彷彿置身在偉大的公園中（現已成為東沙環礁國家公園）。我曾經恣意享受海洋的溫柔與多變臉龐，徜徉在島嶼的美麗與想家的哀愁中。

孤獨、克難的生活與上蒼恩賜的美景在東沙島是可以共存的。到東沙島之後，才發現島嶼的多變。夏天的西南風，讓島上南邊的沙洲，朝北面伸展；冬天的東北風，又讓沙洲朝南擺動，並斷成兩截。曾經潛水觀察各種不同的珊瑚，有些如盛開的花朵，有些像一朵朵龐大的香菇，龍蝦的觸鬚在水中扭動，在沒有人為破壞的環境裡，熱帶魚類成了招之即來的好朋友。我是多麼懷念，在島上無憂無慮的生活。

傳說中，有一年關帝君像乘著小舟來到島上，駐軍因此建了一座東沙大王廟供奉，成為島上官兵重要的精神寄託。最神奇的是，在貧瘠的砂土上，廟旁植栽的榕樹，數十年後長成足以遮蔽廟宇的濃蔭。離開前夕求了一支籤，上面寫著「行人歸，孕生男……」，果然調回臺北並喜獲麟兒。

自民國七十九年二月任期屆滿返臺後，再也沒有回去過東沙島，她的美麗讓人魂牽夢繫二十餘年。寫下部分美景片段，再度神遊南中國海上的明珠，也許能再去看看久違的邊陲風光，若不再有機會，至少能在夢中再相見……

——原載於《青年日報》（2014.5.3）

雪山迎瑞雪

雪山山脈是臺灣第二大山脈，僅次於中央山脈，其中雪山主峰標高三八八二公尺，是臺灣第二高峰。一般人所熟知的登山路線，是由武陵農場開始，經雪山東峰、三六九山莊而攻頂。夏天登山，可享受沁涼的森林浴與鳥叫蟲鳴；冬天的時候，常見白雪覆蓋，美景不斷感動著絡繹不絕的登山客。

由臺中東勢開車上山，也是遊覽大雪山的另一種方式。汽車沿著大雪山林道蜿蜒而上，經過無數不知名的高接梨、柑橘果園後，身旁出現許多參天古木，便抵達了原始森林。將汽車停在路邊視野開闊處，遠眺山谷下的新社及臺中市區，分外感到心曠神怡。兩側山頂上的臺灣雲杉、扁柏正隨風搖曳，教人忘記旅途的辛勞，隨處可見的楓紅與櫻花，以不同色彩，妝點這片美麗山脈。

年度結束前的最後一天，乘車前往高山站臺慰問，沒想到在舟車勞頓後，換回無價的美景。就在抵達遊客中心前的路上，我們被一片更美的景色所感動，對面山頂上的站臺，正是我們的目的地。高山上的建物，被白雪所包覆，像極了一盆耶誕蛋糕。白雪是奶油，建築物與少數外露的樹木是蛋糕上裝飾的巧克力。在驚呼連連中，久久不忍離去。

上山的日子，正巧在強大寒流過境後。平地雖已回暖，但山頂上的白雪尚未完全融化，越接近站臺，心裡也產生莫名的悸動。多少遊客為了賞雪，得忍受長途奔波和塞車之苦。在無意間發現的雪景，不啻為老天爺賞賜，最棒的新年賀禮。

汽車爬上戰備道，兩旁不斷掉下樹上的殘雪，枝椏上是一條條白色冰柱，如同耶誕樹上掛滿了一串串珍珠。幸運的我們不禁左顧右盼，惟恐遺漏了眼前最美的景物，對於久居平地的人而言，白雪就如夢中才能發現的寶物。不論是白色的房子、樹林、馬路，連電線桿都像童話故事中才能見著的綺麗景物，組合起來只有夢境方能比擬。

完成慰問及巡視後，站長告訴筆者，今天站上的氣溫是零下一度，天氣雖冷，心卻是熱的。一再叮囑官兵加強保暖，注意身體保健，自己卻忍不住走上屋頂，感受銀白世界的美麗。遙望中雪山、大雪山、玉山與合歡山，每座山頭都覆蓋著白雪。有誰比我們更幸運呢？只花兩個多小時，便飽覽了森林及白雪的美好風光。山上的低溫使人打起哆嗦，吃下一顆熱騰騰的茶葉蛋後，內心的熱情與溫暖的胃也達到了平衡。

生平第一次欣賞雪景，是在預校三年級的寒假，從南投霧社徒步登上合歡山。路途雖遙遠，卻擋不住年輕愛冒險的心靈。事隔三十多年後，竟在無意間發現了珍貴的雪景。在屋頂掉落雪塊的聲響中，使人領悟，美景只在短暫時光裡出現，把握現在即是永恒。

搭機赴日本北海道，或遠在太平洋彼岸的美國阿拉斯加，便可輕易看見皚皚白雪。身處亞熱帶的臺灣，能意外發現白雪蹤跡，確實讓人欣喜萬分。

在二〇一三年的最後一天，捧者白雪，不禁作起〈雪山勝群峰、瑞雪兆豐年〉的對聯，默禱國泰民安，祝福站上的官兵弟兄新年快樂，或許在新的一年中，瑞雪真能帶來順利與好運。

——原載於《青年日報》（2014.1.29）

難忘蘇澳港美景

春寒料峭，又來到位於臺灣東北部的蘇澳港。這座三面環山、東面朝太平洋的港灣，是一座天然良港。一般人所稱的「良港」，是形容她的水深足以停泊大船，又有完善的港埠設施，讓各型船舶能休憩避風，並順利裝卸貨物。而我心目中的「良港」，必須加上美好的風景。

初春雨後的蘇澳港，冷風吹在臉上，顯得格外清新。分不清是雲或霧，繚繞在山谷間，讓每座山頭都圍上了白色圍巾。當雲霧更濃時，後方的山脈顯得矇矓，呈現不同顏色的層次感；港內巨大的船艦只剩下黑影，像一幅山水畫。走進山邊的小路，路邊樹木的枝椏上凝結了一串串露珠，讓綠色的葉子變得更鮮嫩。港區內的馬路，經過雨水沖洗，如同健康的血管，連接著港口各地，展現出生命的活力。

雲在山頭上奔跑，產生多變化的風景，有時蓋住山頭，讓青山更神祕；有

蘇花古道一隅

時迅速移往另一個山頭，讓山景成為一幅動畫。七星嶺像一條盤踞在山頭的龍，雲就是龍所吐的白煙。山腰上蘇花公路的車輛，一部部翻山越嶺，在山間交會；港內的商船與軍艦忙進忙出，再加上南方澳漁港進出頻繁的漁船，讓整個港口充滿朝氣。在蘇花公路邊的山頭上觀賞港口，曲折的海岸線、防波堤、延伸至港外的三仙臺島礁，無疑是一幅絕佳的風景畫。

從海上看蘇澳港，有幾分神祕，也有幾分靜謐。這座被群山包圍的港灣，大海與高峰並存，下方是險扼的丘陵和蒼翠的樹木。浪花激岸，港外的島礁在北方形成一列橫隊，如同護衛港口的戰士，也是天然屏障。海釣客坐在防波堤上，期盼上鉤的龍蝦或大魚。漁船進出穿梭，他們心裡的期望，則是來自大海，更多的漁獲，換取一家人的溫飽。儘管我等觀景者的心境不同，但看在眼裡，他們早已融入港灣，成為美景的一部分。

入夜後的港灣，則是一串串整齊的燈光，點綴成光芒四射的華麗景致。碼頭上的照明燈、船艦上的停泊燈、蘇花公路上的路燈以及汽車來往的活動燈光，連成一條條光束，假如對面的山是耶誕樹，前述的燈光就是耶誕燈，一艘艘的船艦，成了耶誕樹下的禮物。入夜後的海水是黑色的，偶有星光或月光灑在海面上，顯得更加深邃。

沿著蘇澳港外的圍牆向南走去，經過香火鼎盛的金媽祖廟，便是富足的南方澳漁港了。一艘艘設備新穎的漁船停在岸邊，一整排的特產店與海鮮餐廳，說明了大海孕育著漁港的子民，只要大海仍在，他們便會勇往直前，不畏驚濤駭浪，爭取生活的幸福。居民的燦爛笑容，也成了港灣的美景之一。

住在蘇澳的一百多個日子，是一段說短不短的時光，坐在辦公室裡，窗外是一整片港灣與群山懷抱的風光。最喜歡在每天傍晚沿著碼頭快走，看著身旁的山與海，暫時放空心靈，這樣的日子雖然寂寞，卻也彌足珍貴。若在都市生活，必須長途開車，方能尋得這種短暫的鬆弛。

蘇澳港用自然的山與海，勾勒出最美的曲線；用變幻莫測的雲與霧，妝點出最神祕的氣質；再用富饒的漁產，滿足了饕客的胃。雖然多變化，但群山與海洋，永遠是港灣的最佳陪襯，也是構成美景的最佳元素。蘇澳港美景，永遠是我心中不可磨滅的記憶。

——原載於《青年日報》（2014.4.26）

軍港裡的媽祖廟

軍港裡有媽祖廟？沒錯！蘇澳軍港內正有一座。當年闢建基地時，地處偏僻的居民同意遷村，搬到較方便的南方澳去。但村裡的媽祖廟，得舉行儀式請示神明，是否同意一併遷移，最後決定留在現址，由基地負責管理。每年重大節日，村民仍到媽祖廟參拜，成為軍民共同信仰的神祇，也促進了軍民團結合作，一直是地方上的美談。

關於媽祖林默娘的故事，民間有多種傳說。據說祂的母親在唐玄宗天寶元年，吞食南海觀音所贈，三千年開花一次的「優花」後，懷孕十四個月生下了祂，死後化身為護佑漁民和海上遇險船隻的海神。人們習慣稱「媽祖」，有親切及平易近人的意味。在大陸的泉州、漳州、潮州或寶島臺灣，都能見到香火鼎盛的媽祖廟，成為普羅大眾，特別是海上漁民及水手的信仰中心。

俗話說「行船走馬三分險」，在海上工作具有一定程度的風險，特別是擔任海軍的艦長，必須肩負海上航行安全的責任，輪機長則是時時刻刻，呵護著艦上的主機及發電機。因此，軍人生涯內的兩任艦長都曾經很虔誠地向媽祖禱告，護佑船艦及官兵一切平安，圓滿達成任務。任職前也曾專程遠赴鹿港的天后宮及北港的朝天宮，只祈求平安兩個字。特別是擔任救難艦長時，每次重大任務前，必到輪機長室焚香默禱，任務雖然依舊艱苦繁重，但彷彿能疏解部分壓力。

蘇澳軍港裡的媽祖廟，位於半山腰上，走上花木扶疏的兩百多個臺階便可抵達。室外是一座表情可愛的Q版媽祖塑像，由官兵及地方人士捐獻建成，上面寫著「海軍媽祖」四個大字，每日俯視著整個基地。祈求祂護佑海軍船艦及官兵平安順遂，正是官兵們一致的期望。媽祖廟只是一座小廟，牆上掛滿了歷年照片，基地闢建前，這兒是很小的漁村。漁民們出海討生活，歷經驚濤駭浪，媽祖是心靈上的唯一寄託，如今前來禱告的人們，轉換成海軍官兵，但是心中的信念卻相同。

依山傍水的媽祖廟附近，風光明媚，遠處高低起伏的山脈，包圍著天然良港。來這裡的第一件事情就是用力呼吸，鮮甜的空氣讓人忘記許多煩惱，漁舟、商船在港內穿梭，就像一幅繁華與富足的風景畫。

記得在金門服務的時候，附近料羅村內也有一座媽祖廟，是三百多年為了抵禦猖獗的海盜而建。現已成古蹟，樸拙的外牆與屋瓦，陳舊的媽祖神像，都在訴說著數百年前的古老故事。雖然金門民眾歷經了砲火洗禮，但希望安居樂業的心願永不改變。

在民間有關媽祖的傳說已越來越久遠，據說明代鄭和七次下西洋，每次啟航前，他都會到太倉劉家港（現江蘇省）的媽祖廟許願，結果在航行途中屢次遭逢颱風侵襲，都能平安度過。儘管現代的航海技術已突飛猛進，用科技克服了各種困難，但在人們心中仍然需要媽祖，才有更大的信心迎接挑戰。

信仰是療癒心靈的重要方式。無論大甲鎮瀾宮、鹿港天后宮、北港朝天宮或蘇澳港內的媽祖廟，都能讓民眾及海上的水手獲得精神力量。站在蘇澳基地的媽祖廟前，凝視眼前的藍天碧海，港內靜如止水，港外的天候海象則難以預料。心裡不禁默禱著出海的船艦都能平安歸來，如同神像上慈祥的容顏，「慈航普渡」正是所有朝拜者的共同心聲。

——原載於《青年日報》（2014.4.1）

北方澳登頂望遠

登高是為了看得更遠，鷹與隼在峭壁的高處築巢，除了避免天敵入侵、考量雛鳥的安全外，另一方面應當是讓牠們銳利的雙眼發揮效用，觀察更遠的獵物。人類登山，除了鍛鍊身體外，最大的目的還是觀賞風景，用不同的視野陶冶性情，並且忘掉憂煩，利用特殊的風光，轉換不一樣的心情。

北方澳位於蘇澳港北面，其實只是一座小山丘。與其說它是一座山，不如說它是盤踞在港口的一條龍，怪石嶙峋的龍首倚在港口，龍身向內陸伸展，綿延不絕，形成良好的屏障。冬天能擋住強勁的東北季風。這座位於蘭陽平原盡頭，與雪山山脈交會的小山丘，看盡了宜蘭的淳樸與富饒，看著船艦進出東部最大港口，只有它知道太平洋在每個季節的不同容顏。

選擇一個春天的假日午后，登上北方澳，讓春風洋溢在心裡。冷熱適中的氣候，正巧與平靜的心情相結合。沿著媽祖廟後方的臺階拾級而上，景觀隨著高度改變而逐漸開朗，陡峭的山坡使人上氣不接下氣，但不影響探索好風光的決心。路過燈塔管理員的辦公室，在這個寂寞的工作場所，除非善於調整心情，否則很難度過單獨一個人生活的時光。在此地唯一值得安慰的，大概就是自然美景和源源不絕的清新空氣吧！

廢棄的碉堡和雷達站，說明這兒曾屯駐重兵。景致雖美，但生活條件與山下有著極大落差。古人用「地無三里平」來形容環境的險惡，此地卻可用「地無百尺平」來描繪。詩人王國維曾以「昨夜西風凋碧樹，獨上高樓，望盡天涯路」來抒發自我放逐的感受。站在北方澳的稜線上，竟產生了一些共鳴。

在登高的體力消耗下，不免氣喘吁吁，但在看見峭壁上的野百合後，疲憊立刻拋諸腦後。到底是什麼樣的生命力，讓它們在缺水、缺養分的環境下生長，展露一朵朵黃色或紅白相間的美麗花朵？大自然並非人為溫室，而是冷雨、狂風的再三考驗，花朵在石縫間顯得遺世獨立，超然而美麗。

站在山頂的稜線上，遠眺石壁上的北方澳燈塔，夜晚到來，它將持續以數秒一次的閃光指引海上水手正確的方向。海岸、島礁、港口、燈塔，構成臺灣東部的最美海景，在我眼前忠實展現。為何熱愛海洋？此景即為正確答案。

步下北方澳山頂，走進北邊的戰備道，利澤簡海灘的風光一覽無遺。S形的海灘，再加上一望無際的蘭陽平原，成了眼中最舒適的風景。看完美麗海景，才發現最美好的事物，原來就在平常不經意的周遭。

許多人組隊登山，是為了一賞山上多變的雲海；我登上北方澳，是為了飽覽太平洋風景。臺灣西岸的海邊，海水呈現淺藍色；而東岸的太平洋，卻是無垠的深藍色。移去海水，海岸便成了驟降的斷崖，想像自己是一隻老鷹，在懸崖上俯視那片蒼茫，心靈也獲得了寧靜，於是北方澳成了我在蘇澳短暫停駐期間，一再登頂的最佳景點。

——原載於《青年日報》（2014.5.12）

嗚咽的山川

南臺灣的冬天，白天依然豔陽高照。又是個乘車上山的日子，心情卻不若天空明亮而萬里無雲，想起每次「復習」那條破碎山路的旅程，總是沉重萬分……

汽車高速開過快速道路，來到林邊、枋寮，二〇〇九年「莫拉克」颱風重創後的災區，房舍上大水淹沒的痕跡還在。高屏溪不再像筆者年輕時那般奔流入海，被土石墊高的河床，將河流分割成數條潺潺溝渠。一大片壯觀的檳榔樹與漁塭在災後數年依舊存在，人們不畏地層下陷與極端氣候的考驗，繼續咬牙撐過不景氣的年代。

經過佳冬戰備道（飛機緊急起降備用道）左轉，便是有名的「浸水營古道」，這是清光緒八年拓修的移民道路，穿過中央山脈可抵臺東縣大武鄉。因人跡罕至，東半部幾已淹沒在熱帶闊葉林中。在開闊的田野上，收割後的鳳梨田呈現一整片的金黃。春日鄉公所附近的住家，大部分是原住民，在唯一的馬路上騎機車，卻沒有一人戴安全帽，展現了原住民的率性與樂觀。

到達力里部落前，是一連串的爬坡道，短短的十公里，卻爬升了一千公尺。坐在車上看山谷下的高屏溪河床，已被崩落的土石淹沒，令人怵目驚心的土黃色裸露山壁，沿著河流不斷出現；傾倒的電線桿，以及河邊的廢棄屋舍隨處可見，只能用「柔腸寸斷」來形容。向大自然巧取豪奪的財產，最終還是得歸還大自然。

停車休息時，幾隻被捕獸夾所傷的缺肢土狗，一如往常上前示好。每次上山都會帶幾支餐廳吃剩的雞腿餵食牠們，如同心靈上的約定。與狗狗見面後的路途是顛簸不平、曲折不停的山路，這條修了又坍、坍了再修的古道，載運著上山探險的民眾，也輸送著上山值勤的官兵弟兄。孤單的紅色民房，懸在斷崖上方，恐怕早已人去樓空，不再有山中隱居的快意。偶見的楓香樹，在山林中顯得缺乏詩情畫意，同樣的景觀，在一個多小時的車程裡一再重複出現。

回憶當年「八八水災」的前一天，整個家族在南部的度假村歡度父親節，度假村正巧設在水庫的正下方。當晚窗外下著傾盆大雨，第四臺的新聞不斷報導著各地逐漸擴大的災情，憂心如焚的家人決定，天亮後開車涉水逃回臺北。經過國道三號高速公路的清水溪及濁水溪時，滾滾洪流幾乎即將淹沒路面。雨刷在擋風玻璃前快速揮動，在輪胎不斷打滑的晃動中，平安返回北部。此後數個月內，車內仍然瀰漫著洗不去的臭味。

在那段舉國悲傷的日子，筆者每日在國防部燈火通明、通宵達旦，忙著統計災情與調派兵力，除了死亡及失蹤人數不斷攀升外，還有牲畜、家禽、水產、道路、農田、房舍……悲慘的記憶值得國人記取教訓，縱使人們可以將責任推諉給極端氣候或「天地不仁」，在多次去過仍在嗚咽中的山川後，不得不相信，負荷過重的青色山脈及河川，人們該負不當開發的部分責任。

不久前看了齊柏林導演所執導的電影《看見臺灣》，內心感觸良多。我們所愛的臺灣仍然很美麗，但是需要時間休養，猶如病人需要診治。當溪頭不再是往日的溪頭，阿里山也只是哭泣中的名勝時，「亡羊補牢，為時未晚」。只願若千年後，再次拜訪山林中熟悉的古道時，崩坍的山壁已自然恢復，山谷中的河川又能順暢奔放到大海，縱使來到深山邊陲地帶，仍是自幼熟悉的鳥語花香。

第四篇
歲月旅程

有人說「人生如戲、戲如人生」，話雖有道理，却不如用旅程來描繪人生。在歲月的旅程中，每個人都經歷了太多歡喜和悲傷。用札記的方式，寫下生活中的感想，如同在歲月旅程中留下了珍貴的紀念品。用旅者的心情，回顧過往歲月，能加深快樂的回憶，也淡化了腦海中的哀愁。也許在未完的旅程中，能不再有任何遺憾。

看《士兵突擊》有感

近年看過許多以戰爭為題材的電視影集，包括「HBO」公司所拍攝的《諾曼第大空降》、《太平洋戰爭》等。上述影集除了描述戰場上瞬息萬變、危機四伏的場景外，也深刻描繪了並肩作戰的弟兄，性命相許、患難與共的真情，可謂膾炙人口，讓軍人或一般民眾都深深感動，在心裡留下永久的印象。

在一個偶然的機會裡，路過臺北街頭的影片專售店，發現一部由大陸製作拍攝的影集《士兵突擊》，購買回家反覆觀看後，被影集裡的許多情節所震撼，影集中沒有意識型態，更沒有「國共戰爭」史實裡孰是孰非的爭議。只是在一個動亂的時代中，刻劃著一個小人物的故事，而在故事中，隱含許多中華文化的仁義與恕道精神，感動之餘，令人深省。

在《士兵突擊》影集裡，描述一位小兵的成長與奮鬥過程，「許三多」是個湖南鄉村青年，膽怯而缺乏自信。在封閉的農村裡，當兵似乎是能夠出人頭地的少數途徑，從被「史今」班長招募入營後，歷經「鋼七連」的鐵血訓練及「高城」連長的嚴格要求，養成不屈不撓的特性。連隊裁撤後，分發至荒山僻野的單位，仍能謹守本分，做好職務上的工作，最後被特種部隊的隊長「袁朗」錄用，參加最嚴苛的特戰士兵訓練，發生一連串感人故事。一路走來，受到許多長官照顧，影集中充分表達了長官提攜部屬的真誠，以及袍澤相互照應的真情。一支部隊能否發揮戰力，武器的良窳固然重要，而袍澤間的情義相挺才是關鍵要素。

「精神戰力」是鋼七連不斷要求官兵凝聚的重點。從新兵報到開始，整潔的內務與一絲不苟的生活管理、操課紀律，造就了表面上的一致；加入連隊的儀式，從緬懷部隊的嬗遞，到宣告新兵是歷年來連隊中的第幾個成員，將歷史的傳承加諸伙伴的肩上，立即產生連隊的歸屬感，令人動容。

「許三多」是個其貌不揚、木訥而內向的士兵，依現代軍隊的標準來看，簡直是拙不可及。但從幾件事的表現，他仍是一個勇於表現的戰士，包括在單槓上舉腿後翻三百餘次；單位裁撤後留守營房，在沒有長官督導的日子裡，仍能自動自發，每日掃地拖地、整理服裝儀容，甚至能在清晨，自主訓練五千公尺跑步，將「執著」的精神展露無遺。班長退伍返鄉時，許三多所表現的袍澤情深，使人感受到，唯有「三信心」，才能在戰場上以生命相許。

劇中男主角曾說「好好活就是做有意義的事、做有意義的事就是好好活」，話雖淺顯，但引人共鳴。在特種部隊訓練的橋段中，戲劇中充分詮釋了官兵忍受辛苦、成熟蛻變的過程。尤其是在甄選測驗的演習中，男主角與同鄉伙伴相互照應的感人情節，使人印象深刻。當極度疲困、飢渴，食物與飲水匱乏時，還能遵守規定，堅忍到底，即是軍紀的最佳展現。看完伙伴們在散兵坑中分食野鼠肉，以維持完成測驗體力的那一幕，內心有一股莫名的感動。若在戰場上能發揮相同精神，勝利就在眼前。

電視劇裡的最後一段，描述特種部隊實際出任務的景況，男主角日常雖勇猛頑強，但面臨第一次在戰場上扣扳機殺人時，他崩潰了。筆者想起以往面對身經百戰的老兵時，他們總是身懷傲骨，用鄙視的眼光看著穿軍服的小伙子。軍人在戰場上為了求生、求勝而殺人，沒殺過敵人的軍人，要進化為浴血沙場，馬革裹屍的戰士，必須經過一段很長的心理適應。

《士兵突擊》是一部相當難得的軍事電視劇，裡面沒有「統戰」的內容，也摒除了國共數十年來的恩仇，反而很單純地描繪士兵的心理。深刻的內心戲使觀眾了解，要成為一名驍勇善戰的士兵，必須學習堅忍不拔，以克服萬難。綜觀現代軍隊裡的士兵，受社會風氣影響，畏苦怕難的軍人越來越多，但「以敵為師」確為求勝的捷徑。戲中有一句「不拋棄、不放棄」的連隊口號，唯有官兵同舟一命，才能相互扶持，達成任何任務，造就一支「戰無不勝、攻無不克」的鋼鐵勁旅。

康定之旅

康定位於青康藏高原的西康省，也是中國的邊陲地帶，幼時耳熟能詳的〈康定情歌〉，充滿了塞外騎馬牧羊的情境。而「康定」二字也是個極為吉祥的地名，在中華民國海軍的作戰艦中，康定級艦即為法國建造的拉法葉艦。我的「康定之旅」，並非到青康藏高原遊玩，而是重新登上康定艦出海。

離開康定級艦之一的西寧艦已經九個年頭了，心裡非常懷念近兩年的艦長生活。與一百多位伙伴一起工作、生活，在海上吃風喝浪的日子，有艱苦時的相互鼓勵，也有勝利成功的歡笑，將點點滴滴寫成《迎風巡航——拉法葉艦航海日誌》乙書。寶貴的回憶在印成書後顯得更加美好，尤其是獲得海軍官兵及眷屬的廣大迴響，猶如一再回味那段人生中的精華時光。

睽違九年之後，終於有機會率康定級艦出海執行任務，開心了好幾天，如同與分散多年的手足即將重逢。踏上康定艦的舷梯，難掩心中的興奮，一景一物，如同多年前一般親切。康定艦的官廳（艦上官員開會、用餐的地方）裡，懸著一幅書法〈康邦定國〉，字體蒼勁有力，艦上官兵用這四字作為理想和抱負，也是值得嘉許的事。沒錯，只要有他們在，就能確保海疆的平靜與鞏固。

軍艦在晚上啟航，蘇澳港在夜裡是寂靜的港灣，用紅色、綠色的閃光，指引軍艦通過狹窄水域，走在正確的航向上。四周的山脈呈現一片黑色的影子，伴著星光和岸邊一串串的路燈，美麗動人。港外的漁舟在遠處亮起燈光，一眨一眨，像極了海面上的市集。而我們的目的地，是更遠處的漆黑大海，等天亮時，就已遠離陸地，將會呈現一整片的綻藍。海洋的迷人之處，就在於她的深邃而莫不可測，永遠等著勇敢的水手去接受挑戰。

在艦長室裡，望著天花板上的燈光，室內的各種開關、一桌一櫃，甚至床鋪與浴廁，由於是同型艦，都和九年前所待的艦長室一模一樣，艙內的走道及各種設施亦然。難得的康定之旅，竟成了個人的懷舊之旅，腦海中不斷浮現往日與伙伴們共同打拚的故事，只是那群伙伴已逐漸離退，徒留回憶。夜晚在夢中驚醒，張開眼睛望著四周，分不清方才是夢，抑或現在是夢。

在熟悉的環境裡，很快（應當說是立即）就適應了久違的海上生活，連軍艦在海上振動、搖擺的頻率都一模一樣。軍艦在海上加速，主機的嘶吼聲，也都像老朋友的熟悉話語，感動之餘，只能感謝上蒼給我重溫舊夢的機會。

執行任務的三個晝夜中，多次坐在駕駛臺的指揮官位置上，靜觀艦上官兵的操作。值更官、舵手、雷達手、瞭望手……，都是那麼的專注與敬業，由於他們的合作無間，讓艦上的精良裝備發揮了功能，每一項操演，都能準時在指定海域完成。「精準」的計算，再加上全力以赴的精神，也許就是現代海軍達成任務的必要條件。

任務完成，進港靠泊後，送給現任艦長楊曉龍上校三個字「好樣的！」，後生可畏，短短三天，我見識了良好的訓練、紀律與保養，平時的努力讓任務圓滿成功，我想只要是優秀的海軍官兵，都會認同上述觀點。傑出的艦長，可以多次達成上級交付的使命；而極為傑出的艦長，可以在任務中教導官兵，康定艦的楊艦長屬於後者。

站在辦公室的窗前，目送康定艦出港，她是筆者心目中最美麗的軍艦，流線的外型依舊，永遠勇於面對海上的困難與挑戰。在難得的康定之旅後，回想以往的艦長生涯，花兩年歲月，換取美好回憶是值得的，永不後悔加入海軍。

師恩浩蕩

十八歲是人生的黃金時期，也是最貪玩、愛做夢的年齡，記得那年讀大學（海軍官校）一年級，由於學長們在生活上嚴格管理，每天從早到晚得耗費大量體力，上課時常不知不覺打起瞌睡，尤其是枯燥的國文課。常被老師叫醒，甚至在教室外罰站，但當年的國文老師——吳守成教授，在經過三十多年後，仍然是筆者心目中最尊敬的老師。

與吳教授深交，是在三年級加入校刊編輯群開始，當年在報上投了幾篇稿子，獲刊後被認為是極富潛力的學生。在不服輸的個性驅使下，當然是焚膏繼晷，全力以赴。永遠記得擔任編輯時，因學生外出不方便，利用公共電話與老師討論校刊內容的修改與校正，老師在電話中交代數十個修改處，年輕的我總能以驚人的記憶力全部記下，無一遺漏。當每期校刊完成發行，都能體會許多做事的方法，對文字的運用也能突飛猛進。

老師非常重視歷史，在海軍官校任教數十載，深感歷史是海軍最寶貴的資產，年復一年努力求證並記錄史料，從青島、上海、馬尾到左營，海校多次遷校的史實，以及長江突圍、九二海戰等戰史，並完成多冊海軍前輩的訪談。老師雖非海軍軍人，但對於海軍歷史的深入研究與資料蒐整足以流傳永世，值得後輩景仰與學習。畢竟歷史可以鑑古知今，沒有歷史，就沒有傳統與未來。

三十幾年前，臺灣適逢經濟起飛，百姓仍過著努力打拚的日子。對北方人而言「好吃不過餃子」，當時能吃一頓餃子，算是極大的享受。由於當年常與老師研究歷史、文學與編輯校刊，常在老師家吃飯，餃子與青菜豆腐湯，便是豐盛的一餐，頂多再加一小碟豆干、滷蛋。老師與師母常說，生活簡單化才有時間思考，「學而不思則罔，思而不學則殆」，古人說的話，如今想來確有一番道理。記得曾經多次坐著老師的 50C.C. 小機車，到左營右昌的「天鵬」蒸餃店用餐，菜單依然是蒸餃與青菜豆腐湯，回想過往，只要能克制欲望，到處皆是美味。從老師身上，我親身驗證了這個道理。

老師多年來都居住在左營的眷村房子裡，屋裡沒有任何豪華陳設，沙發、餐桌、燈具都是用了數十年的東西，三十年前迄今，始終如一，開的汽車也是幾十年的老爺車。能夠用畢生的時間，實踐簡樸的生活，用全部精力來做學問，「一簞食、一瓢飲、居陋巷，人不堪其憂，回也不改其樂」，一般人很難有如此毅力，但老師做到了。「無欲則剛」，在生活與做學問中即可充分驗證，值得永遠敬佩。

二〇一二年，筆者的第二本書《迎風巡航——拉法葉艦航海日誌》準備出版前，老師欣然同意題序，並表示「再也沒有比學生出書更值得高興的事了」。由於他在海軍官校任教了大半輩子，對海洋的熱愛，並不亞於青年學子，更因為通曉日文，醉心於日本海洋文學，勉勵筆者努力創作海洋文學。八月新書出版後，原本打算邀老師共享日本料理，在他的堅持下，又到了「五花馬」餃子館，原來餃子也能成為師生一輩子的交集與記憶。

調回臺北工作後，與老師的距離又變得好遠，只能利用短暫的出差時機前往探視，希望年逾八旬的他及師母永遠安康、快樂。師恩浩蕩，回憶與老師相處的時光，能在他成千上萬的學生中備受指導，不啻為上蒼所賜的恩典，老師的教導，將永銘在心，也願加倍努力，不辱恩師期望。

——原載於《青年日報》（2013.9.28）

寫作人生

記得筆者讀小學的時候，寫作文經常獲得老師嘉許，那時候在作文簿上被老師劃了一大堆圈圈（美好的句子），總覺得很有成就感。正好家父也擔任過國文老師，常用「課堂外的作文」換取零用錢，在師長的鼓勵下，小學三年級時投稿《桃縣兒童》月刊，題目是〈小黃與我〉，寫家裡的小狗，獲得十元稿費，那是生平第一次投稿。

小學五年級時，為了提升兄弟姊妹的國文程度，家裡訂閱了《國語日報》。從此才知人外有人，報上登的文章都是一時之選。為了滿足幼小的優越感，開始不停投稿，卻一再被退稿。當時發現自己的辭彙、技巧均不如人，便翻閱家中的書籍、雜誌，包括姊姊看的《徐志摩全集》、《讀者文摘》等，得到許多啟示，原來書籍便是智慧的寶庫。當自己的文章用鉛字印刷在報上時，那股成就感簡直不可言喻。

到了國中及高中階段，寫作依然是個人勇於表現自己的方式。既然數理科目表現平平，體育項目也不行，只好在國文科上努力。不可諱言的是，文藝創作及國文科確實幫助甚鉅，包括順利考上高中及多項競賽屢獲佳績。偏偏軍校念的是數理科的海官校，只好繼續「重操舊業」，靠寫作打知名度，當年《中央副刊》是評價很高的文藝園地，因多次挑戰成功，獲得刊載，也激勵了筆者再三嘗試的動力。如雪片般飛來的讀者迴響，也為枯燥的軍校生活平添許多樂趣。

當自己獲選為文藝創作及校刊社團社長時，好像是無法推卸的宿命。由於自幼對寫作的熱情與志願，雖身在軍校，也能如魚得水。回憶那些日子裡，雖然常挑燈夜戰，同時面臨學校課業與校刊出刊壓力，卻能迅速自我成長，得到師長及同儕肯定。處理大量的文字與照片，需要熱情與耐心，在文章不足的時候，還得自己動手補白。頗有古代書生「眾裡尋他千百度，驀然回首，那人卻在燈火闌珊處」的感慨。所幸不負師長重託，順利達成階段性任務。畢業前校刊社的學弟將共同編成的校刊訂成精裝合輯送給筆者，內心有股悸動，「凡走過必留下痕跡」，回憶與情誼是永恆的。

結束學生的生涯後，也同時中斷了寫作生涯，只欣賞他人的作品，斷續參加了幾次國軍文藝金像獎，投稿的數量寥寥可數。對創作人而言，那是一段荒廢的歲月，偶爾獲獎的喜悅，還是讓內心想創作的火種持續燃燒著。對於文藝的熱愛，仍如幼時一般，那是種抑制不住的能量。

最喜歡讀侯文詠醫師的散文，用有趣的角度，去觀察身邊事物；洪蘭教授的書，讓自己更能分辨事理；汪啟疆老師的詩歌，讓心靈能以愛去擁抱世界，更讓海洋的浪漫，充實生活。

最近幾年，個人的創作量達到高峰，好像有種不可抗拒的力量，鞭策自己更加努力。當第三本書出版後，為自己訂下十本以上的目標，除了永遠流傳，也不虛此生了。假如能在人生終了之時，在身邊擺滿自己所寫的書，將是一件非常風雅的事。

寫作讓筆者的人生有了很多不一樣，越寫越順，不能罷手，是個人最大的體驗。每一篇作品都是可以永久保存的紀念品，距離退休越來越近的年歲，持續寫作，也許可以不必擔心未來無所事事。充電再出發，或許山林花鳥、浮世觀察、旅遊見聞都可滋潤餘生。努力前行，讓自己的寫作人生更充實，是現今的心願，也願將以上的經驗與心得，提供讀者分享。

——原載於《青年日報》（2012.9.18）

同窗

今年是自官校畢業三十周年的一個「節點」，在軍中服務這麼多年來，凡是重大工作或演習，都用「節點」來劃分及管制工作進度。如果生涯是健行的一大段路，三十年應該是個重要里程碑。筆者每次理髮的時候，不得不望著鏡中的自己，兩鬢斑白，抬頭紋浮現。年少輕狂，不識愁滋味的年齡早已遠離，剩下的只有懷念與腦海中若隱若現的掠影。

一九七九年的秋末，一百多位同學，從陸軍官校完成入伍教育返回海軍官校，雖然大部分的同學都已在預校讀完三年高中課程，對軍事管理並不陌生，但心情與軍校聯招（普通高中畢業）的同學一樣，只能以忐忑不安來形容。「將陸軍教育三年的學弟蛻變為海軍」，是各年級學長的共同心聲。因此，我們預校第一期畢業的同學們，確實經歷了不少磨練。

與所有大學的學生一樣，軍校學生也少不了考試壓力，挑燈夜戰、臨陣磨槍是大家共同的記憶。補考、重修、留級、退學……，讓同學人數在畢業時少了三分之一。還記得一年級暑訓期間，泡在游泳池一個月；二、三年級登艦訓練，擠在狹窄的士兵住艙裡仍自得其樂；畢業前的遠航訓練，在很少人出國的當年，讓大家暢遊韓國釜山、仁川、首爾；畢業後仍在兵科學校一起上課數個月，再登艦擔任「最起碼的官」，緣分不能說不深，點點滴滴都是同窗的共同美好回憶。

還記得畢業滿十年時，大家已官拜少校副艦長、部門主管、輪機長……，遠大的抱負在海上。持續擁抱海洋、遠離妻小，需要下定很大的決心。再經過十年，大家相約在母校共聚一堂，「少年不識愁滋味，為賦新詩強說愁」的年齡已過，同學中已出現多位博士、十幾位上校艦長。從此以後，在軍中繼續服役的人數越來越少，部分同學的成就卻越來越高，有大學教授，研究所所長，科技公司經理，花市的大老闆……，堅持當軍人的同學，職位也更重要了。從小一起穿軍服，卻也能印證「行行出狀元」，但大家最珍惜的，仍是一塊兒長大的情誼。

二月底的時候，在高雄參加了一次同學會，在四十層樓高的餐廳裡，四周風光旖旎。老同學見面，恍若隔世。還在軍中服役的同學寥寥無幾。由聊天的話題裡，明顯察覺大家的生活步調變慢了，姿態動作也更優雅了，「衣帶漸寬終不悔，為伊消得人憔悴」的年代已成過往。大家由年輕軍官紛紛轉型為「歐吉桑」，夫人們也都聊著休閒與美容之類的話題。年少時期的糗事，不再是談話重點。以往在「新生隊」時，主要的運動來自學長們的處罰，如繞「率真廳」一圈、蛙跳入列、伏地挺身五十下……，當每週日相約在半屏山上健走時，憶起往事，從七年軍校學生，轉變為海上健兒，再脫下軍服，如同昆蟲的蛻變和羽化，任誰都會感到不勝唏噓吧！

當年畢業時，軍港裡都是老軍艦，從左營到馬公、從蘇澳到高雄或基隆，只要軍艦進港與友艦傍靠，總有發現老同學的驚喜。到同學的艦上閒聊，相約外出吃宵夜，就能將初任軍官的不適應與煩憂減去大半，逐漸年長後，與同為艦長的同窗見面，更是自我吹噓領導統御及艦船操縱的大好時光。儘管每個人的經歷不同，但大家都努力過，付出了年輕的精力與智慧，在汗水中完成每項任務，遼闊的大海，永遠是夢之所繫。

人生中能有幾個三十年呢？三十年能建很多條高速公路，也能令嶄新的鋼鐵軍艦老鏽斑駁。但大家仍記得當年在學校採芒果、搖椰子樹，中午被老隊長集合責罵一小時的往事。儘管歲月如梭，能喚起年輕的回憶與赤子之心，才是同窗再見面的最大意義。

相約年底同返母校，期盼找尋當年共同走過的蛛絲馬跡，同窗雖已貴為校長，但只要當年共赴海洋的壯志仍在腦海中，擁抱大海的熱情仍在，能共同拼湊出往年一起生活的圖像，心中將永遠感到溫馨。

憶慈母

母親已經離開人世十九年了。

對於一個三十出頭的年輕人來說，失去母親是莫大的打擊與哀慟。尤其是父親越來越老，近九旬的高齡如何承受喪偶之痛；小孩的年紀還小，只有幼稚園中班，失去了最疼愛他的奶奶。想起母親不能再陪伴我們度過往後歲月，悲傷的心情很難用筆墨形容。

母親出生於一九二〇年，日據時代的臺灣，在筆者的所聽所聞中，那是個艱苦而窮困的年代。臺灣光復後又歷經數十年，直到戰後「嬰兒潮」出生的一輩逐漸長大，民眾的生活才得以慢慢改善。從孩提時期到成人，親眼看見那一輩女人的辛苦，包括同學的母親、年長的親戚都是如此。

拉拔六個兄弟姊妹長大是件不容易的事。由於家中食指浩繁，生活家用得錙銖必較。哥哥穿過的衣服、用過的文具書本，得交接給弟弟。記憶中幼時所住的老家，是一棟狹長的瓦房，門口是店面，家裡開過雜貨店，中間有兩處天井，後院還有葡萄棚架和豬圈。母親不但要照顧店面生意，還要在後院養雞、餵豬、種葡萄，張羅一家老小的三餐；逢年過節，也自己做香腸、臘肉、年糕、包粽子……。由於父親交遊廣闊，所以家中的客人總是川流不息，印象中的母親是萬能的，含辛茹苦一輩子，全為了家人。

一九七六年就讀預校時，母親是持反對意見的。不捨自己的小兒子到軍中受苦，但在筆者的堅持下，她只期望兒子在軍中妥為照顧自己。永遠記得第一次放假時，在高雄搭夜車回家，母親黎明前在中壢車站等了二小時，見面時她露出慈祥與安心的笑容，牽著筆者的手返家。雖然事隔三十多年，那一幕仍深深映在腦海裡。

最懷念母親的廚藝，舉凡雞、鴨、魚、豬、牛、米食、煲湯或其他可以擺盤上桌的大菜，都能在她的巧手下一一呈現，滿足了全家人的口腹之欲。為了抒發想念的心情，姊姊們也多次嘗試模仿母親所做的菜色，但最多只能達到六至八成相似，總是少了一種味道，說不出那是什麼味道。當大家走遍各地，嘗盡人間美味後，突然頓悟，原來母親手做的菜餚裡，還有對子女滿滿的母愛。

當兒女們工作穩定、生活美滿、第三代成群，得以時常承歡膝下時，母親卻罹患了大腸癌。三次的手術與化療，也無法挽救逐漸消逝的生命。縱有堅強的求生意志，也抵不過病魔的侵蝕。將近三年的時光，受盡病痛折磨，看在兒女的眼裡，多麼不忍與心疼。回顧母親的一生，是戰亂、窮困與辛苦的加總。如果她能多活十年，看著第三代長大該有多好！但是再多的如果，也喚不回逝去的生命。

母親的教育程度雖不高，但生前常說，自己不能虧欠別人，寧可別人虧欠我們。在她的一生中，總是善待他人，能時時踐履。回顧她的生平，足供後代永遠景仰。如同筆者在她生前握著她粗糙的手，那雙做了很多事的手，讓後人永遠懷念手掌上的餘溫。

每次到觀音山上掃墓，總會想起母親在世的點點滴滴，心中有無限的追思與懷念。母親辭世十九年了，墓木已拱，縱使淚灑墓園的黃土上，也喚不回母親在世的幸福時光。多次在午夜夢迴，依稀看見她的身影，只是好像變年輕了，也許在天國裡，母親不再蒼老。二十年前筆者是少校官階，她曾說「至少要幹到上校，才對得起祖先」。母親的期許早已達成，而筆者仍在軍中服役，個人的成就並不重要，只要能告慰母親在天之靈，則了無遺憾。只擔心自己年老力衰後，對母親的記憶逐漸模糊……

站在觀音山腰的墓園裡，遠眺對岸的竹圍與紅樹林，十九年來想念母親的心情依舊。平靜的淡水河，流不盡無窮的親恩，悠悠的燕子，唱不完追思的歌聲。

——原載於《青年日報》（2013.9.15）

圍爐

忙碌的蛇年即將過去，馬年又快到了。記得上一個馬年，是筆者晉升上校的好日子。現在家裡的客廳中，還擺放著「馬到成功」的賀禮，那是兄弟姊妹們最誠摯的祝賀，年逾九旬的老爸，還親自作詩道賀，祖孫三代共聚一堂，將臺北的小房子擠得水洩不通，確是一段美好回憶。

全家人在除夕夜放下工作聚首，是親情的展現，正是我們中國人或全世界華人最重視的圍爐。記得小時候，最期待寒假中的春節，除了每天大魚大肉外，還有吃不完的糖果、花不完的壓歲錢、玩不累的各種遊戲。直到軍校畢業前，每年都能在家裡圍爐，是一種真實的幸福。

父親健在時，圍爐是家裡極為重視的活動，他每年一定會親自撰寫一篇「除夕談話」，檢討家人一年來的得失、對兒孫的勉勵等，並且親自宣讀。當他很老的時候，便由孫女代讀。年逾期頤後，由大哥代寫，仍照程序讀完，並由篤信基督的二哥領導大家禱告，晚餐後輪流向老人家拜年，年復一年，都以相同的儀程進行。回想這些往事，真是意義重大，對年輕的晚輩而言，應當是最好的機會教育吧！

回憶軍旅生涯中的除夕圍爐，除了少數可以回家過年的職務外，大部分都在部隊裡過，包括艦艇、外島、主官的職務。如果人生是一部電影，就像不斷變換布景的情節。也許是軍人的宿命，在強調「犧牲奉獻」的早年，多數的軍、士官也甘之如飴。在部隊過了多少次年，如同刻在心靈上的勳獎章，值得告慰國家的栽培之恩。

海軍艦艇是高度戰備的單位，早年在艦艇上過年，除了艦長率領官兵祭拜列祖列宗外，豐盛的菜餚都由艦上的廚房自製。餐桌上堆滿了山珍海味，卻難以告慰想家的心情，胃口不好是必然的。假如正巧輪到海上偵巡，還得克服冬天的惡劣海象，想家再加上暈船，辛苦的程度更是點滴在心頭。兩任艦長任職期間，春節都在戒慎恐懼中度過，既要照顧官兵的生活與飲食，還得穩住官兵心緒、預防軍紀事件，「過年如過關」也許就是部隊長的心聲吧！

在外島服務的兩次圍爐，也是難得的經驗。遙遠的東沙島，入夜後是一片漆黑，吃完部隊的年夜飯，只能用書本伴著桌上的小檯燈，度過守歲時光。在連電話都沒有的年代裡，「島遠心近」也許是安慰自己的最佳形容詞吧！在金門那年異常寒冷，擔任指揮官的筆者絞盡腦汁安排活動，為的就是讓官兵在最快樂的氣氛裡，淡化思鄉情緒。

最近幾年部隊有了些進步，為了讓辛苦的廚兵休息，圍爐的餐點改為外燴。將很多艦艇的官兵集合起來，一邊吃年夜飯、一邊唱歌跳舞，各單位紛紛挖空心思，製作一些搞笑節目。連續大笑數小時，絕對能忘記部隊留守辛勞，特別是有表演欲望的官兵，看見別人開心，就是自己最大的快樂。

從軍校畢業任官超過三十年了，細數回家圍爐的次數不到一半，大多由妻一人代勞所有的準備工作。軍人在春節時仍要繼續保衛國家，包括陸地、周邊海域、外島和領空的安全。家庭才是軍人內心的屏障、水手最後的港灣。沒有軍眷的無悔付出，就沒有堅守崗位的官兵，所以在圍爐的重要時刻，軍人都該好好感謝默默付出的眷屬。

又到了快過年的季節，突然很想念已逝的雙親，「每逢佳節倍思親」這句話也適用不在世的親人。今年是卸下部隊長重責後的第一次春節，應該可以陪伴年邁及行動不便的岳父母，除了在天國的父母外，世上對筆者最好的人便是他們倆老了。把握當下盡孝心，便把握了稍縱即逝的幸福。

——原載於《青年日報》（2014.1.30）

思親日

每年農曆的正月初二，是春節期間僅次於除夕的大日子。從除夕夜的圍爐開始，到大年初一的拜年，在忙碌一整年後，終於得以完全放鬆，吃喝玩樂、通宵達旦。在傳統禮俗上，嫁出去的女兒在除夕及初一不能回娘家，在這兩天回去代表嫁得不好、衣食不濟，會將娘家吃垮、吃窮。大部分的國人都選擇在大年初二回娘家，還得大包、小包，提著伴手禮，象徵女兒對父母的思念與孝心。

大年初二的交通狀況，對每位駕駛人而言，都是可怕的夢魘。從臺北開車到桃園中壢，可能需要二小時以上。而大陸地區地方大，交通並非每個地區都便利，人山人海的「春運」，集中在除夕前幾天，電影《人在囧途》中，描繪得相當生動。咱們寶島臺灣，則是回娘家的人潮與車潮了，兩者形成有趣對比。

筆者的父母是相當守舊的長輩，特別是過年期間有許多規矩，不論大人、小孩都必須遵守。包括圍爐時桌上的魚不准動，代表年年有餘；年初一的早餐一定得吃發糕，象徵新的一年會發財，當天也不能洗澡，以免洗掉新年的新希望；年初三才能倒垃圾，避免在新年中將財富倒光……。倒是大年初二沒什麼特別規定，印象中就是家族的團聚日。

家裡的兩位姊姊、一位妹妹，對父母極為孝順，大年初二時，「歸心似箭」是必然的。一早便從臺北及八德的家中出發，通過擁塞交通的考驗後，上午十一時前必須抵達位於中壢的老家。先向祖先祭拜後，再一家家向長輩磕頭拜年，然後共享豐盛的午餐；下午則由家中號稱「茶博士」的大姊夫執壺，用高山烏龍或普洱茶，疏解五臟廟中的油膩。父親在世時，都會特別準備摸彩紅包，每個紅包也很用心地寫上吉祥話，統統有獎。晚上的大餐後，大人、小孩圍在一起擲骰子，在一陣陣尖叫聲中，製造另一波高潮……，直到深夜才依依不捨各自返家。

這是家裡每年大年初二的盛況，在歡樂的氣氛裡，一大家族二十多人團聚在一起，許多活動對年幼的小孩而言，富含教育意義。筆者在軍中長期擔任部隊長或戰情值勤，大年除夕、初一雖與留守官兵共度，但也都趕上了大年初二的盛會。該感謝的是從未在年初二回娘家的妻，每年都得忙裡忙外，以維繫家族傳統。軍人之妻，有太多不為人知的辛苦，身為軍人的筆者，只能感念在心中。

由於母親已逝世多年，三年前父親過世後，家中頓失精神支柱。姊妹們各自在家度過大年初二，總覺得少了些什麼，在思親情緒發酵下，內心都有無限感傷。為了找回從前的感覺，家庭會議中遂決定每年大年初二仍舊在中壢的老家團聚。兄弟姊妹們聚在一起取暖，將回娘家的日子訂為「思親日」。遠在天鄉的父母，看見大家能維繫手足情誼，應當差堪告慰吧！

不論是發揚孝親精神、教育子女或凝聚手足情感，大年初二這個回娘家的日子，都顯得特別有意義，值得國人重視。儘管現今社會的年味轉趨平淡，但不致於完全消失，至少在筆者個人的回憶裡，是滿滿的親情幸福。

——原載於《青年日報》（2014.2.1）

銀婚紀念日

家中客廳的茶几上擺了一個小蛋糕，並插上了「25」的數字蠟燭。並不是過二十五歲生日，而是結婚二十五周年。筆者、妻與入伍在即的兒子圍在蛋糕旁，唱起〈你儂我儂〉老情歌，並許下「永遠幸福美滿」的心願。

花數百元購買的小蛋糕，代表一個重要紀念。沒有浪漫的燭光晚餐，也沒有精心準備的禮物。在工作忙碌之餘，一家三口聚在一起吃蛋糕。只要彼此還記得這一天，結婚紀念日總是個甜蜜的日子。儘管結婚證書早已泛黃，厚重的婚紗照也塞在櫃子裡，不知道有多久未曾翻閱了，結婚是面對真實生活的開始，生活總是酸甜苦辣，百味雜陳的集合體，筆者周邊的朋友都是這麼形容。

二十五個年頭，是一段不算短的日子，家裡從兩人增加為三個人。逐漸成長的兒子，也從大學畢業，將進入部隊服役。與一般人的婚姻相同，我們很認真地面對生活。回憶剛結婚時，只能用「家徒四壁」來形容，用第一個月的薪水安裝電話，用微薄的年終獎金裝瓦斯爐及熱水器。妻跟了一個會，終於買了第一部電視、錄放影機與冷氣。筆者當年是上尉軍官，在艦上只是個小官，休假五天，利用唯一有冷氣的客廳打地鋪，看完數十集的港劇《神雕俠侶》。二十多年後回想那段日子，雖然辛苦，卻充滿甜蜜與幸福。

軍人的家庭在當年確是與他人不同，離家的時間長，返家只是偶爾的驚喜。唯有堅定的愛情，方能維繫家庭的幸福。幸虧艦長的職務有一定的任期，對整個軍人生涯而言，只是浮光掠影，否則只靠電話問候與叮嚀，婚姻生活就顯得太不實際了。所幸我們都很珍惜在臺北工作、能每日下班相聚的日子，掌握能在一起的日子，也就彌補了在部隊兩地相思的缺憾。

結婚十周年時，曾特地請假，重拍婚紗與全家福照片，那張照片裡的孩子還小；二十三周年時再拍，照片裡的夫妻已然邁入中年，也許三十年或更久遠之後，重新梳妝拍攝，影中人皆已老邁，但仍珍惜我們共同擁有的人生。

四、五年級的中年人，都經過兒時物資較為匱乏的日子，婚姻生活十有八九都是慘澹經營，從勤儉刻苦中慢慢步入富足，但比起年紀更大的長輩，我們已是幸運的一群。回憶總是美好的，能在婚姻生活中見證臺灣經濟及生活的進步，除了繼續把握手中的幸福外，也該如同米勒的名畫〈晚禱〉中描繪的夫婦，向上蒼獻上最深摯的感謝吧！

記得筆者在父親八十多歲的時候，曾問他是否還記得結婚紀念日？他的回答竟是「早已忘記了！」，更遑論每年是否還慶祝這一天。個人認為只要一息尚存，都應該記得這一天，感謝上蒼的安排。假如能在珍珠婚（三十年）、金婚（五十年）時，對老婆大人重新表達愛意，代表此生婚姻美滿，並且健康長壽。矢志追求美好人生的筆者，在銀婚紀念日時，偷偷許下了這個心願。

——原載於《青年日報》（2014.2.27）

靠岸水手

「大船入港」形容在海上工作的人平安完成相關任務，或在海上功成名就，常用於船長或海軍艦長卸任的賀辭。穿上海軍軍服三十餘年，從艦上的小官一路幹到艦長及艦隊長，終於回到臺北工作，卻覺得離海洋越來越遠，不敢形容個人的生涯是「大船入港」，但對於海洋的思念有如分手後的情人，朝思暮想，只能說自己是一個離開船艦，返回陸地的「靠岸水手」。

海洋是水手人生的大部分，在海上航行時，渴望重返陸地。面對壯麗的大海，雖懷抱波濤萬頃，仰望滿天星斗，但再多的瑰麗彩霞，也抵不過對親人的思念。當艦船入港，踏上陸地的感覺，如同旱季湖泊裡的魚，喜獲甘霖。人是陸地上的動物，除了在海上生活的水手，很少人能體會這種很久沒有看見陸地的感覺。畢竟再大的艦船，也缺少泥土與草木的芳香。

年輕時在艦上服務，軍艦以左營為主要基地，而家在遙遠的臺北，「以艦為家」是很自然的事。因為年輕，總是隨遇而安，常想「咬咬牙就過了！」，當軍艦在海上航行，忙著在駕駛臺值更，在部位上督導士官兵完成各項工作，從迎接曙光到送走晚霞，從黑夜到天明。不在乎日復一日的機械式生活，只期盼每天風平浪靜。但事與願違，惡水和巨浪，正是形影不離的朋友，在暈船的不適下努力掙扎，只盼早日進港。在不平靜的波濤鍛鍊中漸漸成長，正是每位水手的必經歷程。

艦艇的生活空間非常狹小，在不到一坪的小房間裡，得擠上二至四人，塞進個人行李後，空間所剩無幾。除了睡覺，還得在艙間裡約談士官兵、處理公務。在港內停泊的日子裡，一天三餐都在艦上打發。走出艙間，四周仍是碧綠的海水，只要一本書，便能打發孤寂的夜晚。在沒有手機的年代裡，只要能騎單車到附近的電話亭，與親人傾訴離別後的思念，便心滿意足。用忍耐與毅力，度過了年輕水手的生活。

等到年歲稍長，擔任艦上的部門主管及副艦長，責任變重了，身邊總有一些需要輔導的年輕軍官。分享自己接觸大海的經驗，成了重要的例行工作。對於大海，每位海上工作者都有不同憧憬，即使再熱愛海洋，也期待與陸地的重逢。

派任艦長後，對於海洋又產生不同的感覺，海洋就像一張空白考卷，等著艦長寫為什麼愛它的答案。每次任務都是一種責任與牽掛。晴天的時候，眼睛望著無垠的海面，心裡卻想著如何率領大家平安靠岸；風雨的時候，又必須以最穩定的心情，指揮若定，直到靠岸，才能放下懸念的心。靠岸，是水手的內心渴望。

許多白髮蒼蒼的老船長，在海上度過年輕到年老的歲月，成為永遠在海上工作的水手。船上的工作與生活，就是他的全部，該用何等的熱情，才能成就擁抱大海的志業？港口只是短暫的停留地，海上的浪花與永遠不停吹襲的海風，才是生活上的主要伴侶。漁夫捕魚為生，不到海上，便無法期盼與大魚的相逢。對於漁夫而言，海洋充滿了狩獵機會。

自從工作與海漸行漸遠後，才發現自己一直懷念著海洋。站在臺北街頭，多次想著海洋對自己的人生有何特別意義？海洋是筆者成長的地方，迄今對大海的熱情從未改變。對於一個已經永久靠岸的水手而言，海洋仍舊是心之所繫。如同獵人懷念草原，在晚上常常夢見獅子；老漁夫即使退休返家，仍然掛念海上的大魚。靠岸水手的心中，有一座永遠焚亮的燈塔，指引自己游向海洋。

——原載於《青年日報》（2013.8.29）

潛水錶

潛水錶是一種可以戴著潛水或從事水下工作的手錶，顧名思義，即是一種很堅固、防水，並且耐壓的手錶。

筆者喜歡使用潛水錶，著眼在它的輕便、樸實和多功能，第一眼看見它，便被錶面上的「海豹部隊專用」所震懾。美軍的海豹部隊是一支專門在艱困環境下作戰的部隊，由工作的環境推敲，它一定是一只耐用、防震、防水且適合海上工作者配戴的手錶。十多年前，沒有經過太多考慮，便買下了它，並相伴漫長的軍旅生活。

軍艦在夜晚時航行，眼前是一片漆黑的大海。為了不影響對前方海域的觀測，駕駛臺不得開啟任何燈光，連少數儀錶或螢幕，都須使用遮光罩，所以駕駛臺也是伸手不見五指的環境，此時夜光潛水錶便成了忠實的伙伴。錶面上的刻度和指針，永遠指引著正確時間，最外圍的刻度，顯示潛水伕在水下的可運用時間。縱然歷經多次驚濤駭浪，仍然伴我渡過重洋，克服難關。

手錶的使用過程，如同一名水手、海軍軍官的奮鬥歷程，在辛苦咬牙的日子裡，它仍忠實紀錄著時光的流程。當又鹹又黏的海水打在手上，也覆蓋在錶面和錶帶上，只要用大量清水沖洗，立刻能恢復它的光澤。如同水手拭去臉上的汗水，就能與和煦的陽光正面接觸，沒有任何一股風浪，能擊垮勇於挑戰的水手。

在海上工作的日子裡，時間是很重要的一項考量因素。艦上各項操演、啟動或發射程序，都需要用分秒計算。當潛水人員下水工作，更用時間決定危險與安全，時間用盡時，潛水伕必須立即停止工作，並浮至水面，否則將面臨命性交關的風險。所以潛水錶外圈的數字，代表時間就是生命，這是筆者深愛潛水錶的重大原因。

十多年來，不論身在哪一個工作崗位，它始終戴在手上，在海風的侵蝕下，多次發現錶帶的背面，沾著一層鹽垢，不知水手的心靈上，是否都有這一層鹽垢？多次刮除後，錶帶終於龜裂，在更換錶帶後，繼續迎著海風，投入海上無止盡的挑戰。潛水錶如水手的一生，終將老舊，為什麼水手仍執著海上，承受無止境的風霜？也許只有海上的風能明白。

最近發現潛水錶的外圈數字已在日晒雨淋下逐漸褪色。十數年的時光，底殼的文字，早已無法辨識。決定更換手錶，多次進出鐘錶店後，發現不論是機械錶、石英錶，都難以取代使用多年的潛水錶，只能隨緣，讓堪用的舊錶繼續發揮功用。

在偶然的機會裡，走進大賣場的鐘錶專櫃，再次發現情有獨鍾的潛水錶，這是一只水下工作人員專用錶，毫不猶豫買下了它。儘管年華終將逐漸衰老，也許將來年老時，參加早泳會可以用得著。戴著它，便會想起年輕時在海上生活的快樂時光。有人花費積蓄追求價值數十萬、甚至百萬以上的名錶，但平價耐用的潛水錶，永遠是筆者心目中最可靠的計時工具。

兒子去當兵

週末傍晚，與兒子一同騎單車，從位於內湖的家，沿河濱公園到淡水，再夜騎返家。沿途各自馳騁，相約每八到十公里休息一次，在暢快流汗同時，卻發現他的眼神中有些許淡淡的憂慮，原來他剛到區公所兵役課，完成了應屆畢業生提前入伍的手續。

該對他說些什麼勉勵的話呢？當了三十幾年軍人的筆者，腦袋頓時一片空白。竟如同完全沒經驗的家長，開始有些擔憂：兒子到部隊能不能適應極度規律的生活？能否習慣部隊的伙食？班長或連上的長官有沒有愛心？上述問題是所有役男家長的共同疑問，自己早已面對家長，回答過千百遍，若用相同的問題去請教部隊中的幹部，有點像是玩角色扮演遊戲。

二十多年前，筆者在海軍新兵訓練中心擔任中隊長（等同陸軍的連長），永遠記不住來來往往的那麼多名字，但記得讀軍校時，學長們的交代「服從、忍耐」是度過艱苦訓練的良方。也一再將這帖良方告訴每一梯次的新兵。在艦上服務的時候，接收剛剛結訓的新兵，也曾再三提醒自己，要用心對待需要輔導的新兵，所幸迄今都能留下良好口碑，相信好心一定有福報吧！

入伍訓練是由民轉兵的過程，對男孩而言，能接受嚴格的訓練，對於未來人生中的抗壓性、忍耐性，或面對挫折的適應性，必然有極大幫助。美國巴頓將軍曾說：「在訓練場上流一品脫的汗水，可以換取戰場上一加侖的鮮血」，嚴格的訓練是戰力泉源，訓練是士兵的最大福利，所言不假。麥克阿瑟將軍也說過「給我一百萬也不再入伍，但用一百萬換取我入伍的回憶，我也不幹！」，這段話將當兵男孩受訓前後的心聲，表達得極為傳神。

回憶當年在陸軍官校入伍時，必須在幾分鐘內疊好棉被、幾分鐘內將槍枝分解結合、幾分鐘內洗完戰鬥澡……很多的「幾分鐘」，完成入伍訓練，再用一輩子的時間去回憶。所幸現階段的各項訓練，早已要求「人性化」、「合理化」，當年「合理的要求是訓練、不合理的要求是磨練」口號，早已成了歷史塵埃。

如果三十歲的壯年人稱為「電玩世代」，那麼二十出頭的年輕人便可稱為「手機世代」，他們共同的特徵是備受呵護，一旦入伍當兵去，家長難免特別操心。天下父母心，終於能體會當年帶新兵時，家長們的諸多疑問。最近聽說兒子的女友，為了他將入伍而以淚洗面，也許只有時間能解決她的不放心吧！不過，最高興的便是他能利用時間，自主體能訓練，還聽說為了適應在沒有冷氣的寢室睡覺，準備近期不吹冷氣。兒子能自我要求，身為父母的心情早已釋然。

「兒孫自有兒孫福」，從六月底入伍，到明年五月退伍，這段時間就讓老天爺去安排吧！向家長說明部隊的生活、管理、訓練、役男權益……不正是自己擔任部隊長常做的事嗎？如今即將換個角度，去關心部隊中的這些事，也許該隱藏起職業軍人的身分，請教部隊中年輕的班長、連長。

金六結、斗煥坪、成功嶺、龍泉……各地的新兵訓練中心雖是大部分役男畏懼的地方，卻將許許多多男孩淬鍊成男子漢。看著兒子在河濱單車道上奔馳，年輕就是本錢，爆發力、耐力早已遠超過筆者，想起二十年前送他去幼稚園小班，當別的小朋友還在哭哭啼啼，不讓父母離開時，他早已大方地舉起右手說「掰掰」，只願他入營後，如同二十年前一般，用勇敢與堅強，面對自己的人生必經歷程。

——原載於《青年日報》（2013.7.23）

袍澤情深

火傘高張的夏日週末午后，在辦公室內留值，左營軍港裡彌漫著令人窒息的熱氣，只有一艘艘的戰艦不畏烈日，在港灣中屹立不搖。軍艦在海上是國家主權的象徵，在港內則是一年到頭不停的保養、訓練，為下次的任務作準備。鋼鐵打造的軍艦看似無情，但實際上每天都上演者袍澤、弟兄相互扶持與鼓勵的動人故事。

剛剛收假的駕駛兵，帶來一張便條紙，讓我的思緒回到三十年前。他的父親用原子筆隨意寫上的十幾個姓名，撼動著夏日窒悶的心情，一個個已經模糊的身影，突然又在眼前浮現，航海兵、槍帆兵、油機士、補給士……，全長七十公尺的軍艦真的不大，雖然大家分屬不同部門，但心都在一起，度過那段辛苦的歲月。

記得三十年前服務的軍艦，是一艘非常古老的拖帶救難艦，而她的艦名——

大同軍艦，讓人想起《禮記・禮運篇》，充滿著追求和平的崇高理想。

除了日常繁重的任務外，艦上的生活空間非常狹窄，在軍官的住艙連轉身都很困難，士官兵則擠在三到四層吊鋪的大住艙裡；她也是一艘為寒帶國家設計的軍艦，住艙裡有永遠用不著的蒸汽式暖氣。沒有冷氣，在南臺灣的豔陽下，永遠使人揮汗如雨。汗水可以輕易擦乾，但煩悶的感覺卻難消除，然而年輕就是大家唯一的本錢，每天努力工作與學習，儘管環境不佳，在筋疲力竭後仍能獲得一夜好眠。

海上短暫的晚霞雖美，仍要迎接每天的夜晚。軍艦常在黑夜裡巡弋海上，海上的星光揮不去想家的寂寞，弟兄們成了工作上相互照顧的家人。每天在耳邊呼嘯的海風，吹過海面、吹過軍艦的駕駛臺，激起一波波湧浪，水手的心也跟著搖擺的船身起伏不定，唯有意志力與袍澤的關懷，是堅持下去的最重要力量。〈艦隊隊歌〉中，有一段歌詞寫道：「同舟共濟、奮發圖強，艱苦卓絕、百鍊成鋼，不分晝夜、不分寒暑，我們常在戰鬥的最前方……」，道盡海上弟兄堅忍不拔，相互扶持的精神。

當年自己是官校剛畢業的中尉，他是士校剛畢業的中士——最起碼的軍官與士官，環境適應的壓力在所難免，為了學習，常犧牲休假，但我們常在甲板上互吐苦水，在最需要安慰的時候，得到同艦袍澤的一點鼓勵，彌足珍貴。與士官兵做朋友，成了艱苦環境中的生存之道，當驚濤駭浪之際，暈船的不適使人食不下嚥，接過同袍的一碗泡麵，溫暖立刻洋溢在心裡；天候炎熱時回敬一罐冰涼飲料，又解除了不少憂煩氣氛，換來會心一笑。

名將曾國藩在《曾胡治兵語錄》中曾說：「吾輩帶兵，如父兄之帶子弟一般……個個學好，人人成材，則兵勇感恩，兵勇之父母亦感恩矣」，領導統御沒有深奧的學問，以誠信待人，一起吃苦，為共同的目標攜手向前，當共嘗辛苦後的果實後，即使多年後重新聚首，仍能激起腦海中最深刻的漣漪。

一張便條紙，述說了袍澤情深，父子二代都成為軍旅生涯中的戰友，在浩瀚的人海中多麼難得！儘管老友再三交代，不要特別照顧服兵役的下一代，看著駕駛兵勤奮的動作，讓人想起，願意接受磨練的士兵，才是國家與軍隊最寶貴的資產。伴我們成長的老軍艦，早在十五年前除役，成為東部海底的人工漁礁，老袍澤也已解甲歸田。那張便條紙，卻讓自己更加珍惜「十年修得同船渡」的神奇緣分。

——原載於《青年日報》（2014.8.15）

充滿愛的捷運之旅

自從工作的崗位從遙遠的左營調回臺北之後，主要交通方式也從高鐵改為捷運，便捷而快速的交通工具，讓通勤不再陷入塞車的惡夢中，也讓家人的距離更接近。在板南線的車廂裡，看見了各式各樣的表情，日復一日的觀察，才發現自己對這片土地的了解還不夠，需要更多愛去包容土地上的人們。

三十餘年的軍人生涯，讓筆者擁抱海洋，大海讓自己學習謙卑；寬廣的大海，孕育著無窮盡的想像，但走入狹窄的捷運車廂裡，卻像走進全然陌生的世界裡。為什麼多數人的表情與自己的距離如此遙遠？原來，走進一個以往接觸較少的環境裡，必須以更多的包容與愛，去懂得別人的哭泣與笑容，才能明白人世間的百態，進而用文字表達人生的真諦。

想深入了解自己所居住的社會，搭乘捷運是最快速的方式，不分男女老少，沒有貧窮富裕的區別，捷運早已成為臺（新）北市民最重要的交通工具。從一早開始，各路線的捷運班車便載運著學生去上學、菜籃族到市場買菜、上班族到公司上班，還有訪視親友的人、逛街遊玩的人、閒晃的人……，從此一天之中人潮川流不息，夜晚時再將大部分的人載運返家，能搭乘這麼方便的交通工具，的確是居住在這個快樂城市的最佳表徵。

當車上人潮眾多時，總喜歡隨意觀察別人的表情，有位子坐的年輕人、壯年人，大部分低頭撥弄自己的智慧型手機，進入小小的自我世界；閉眼假寐的上班族或學生，不在乎外界的變化，而情侶們總是難分難捨，擁抱是他們最平常的動作。車廂裡的老人與嬰兒仍是最可愛的一群，坐在博愛座上，老人的臉上寫滿了安詳，娃娃車上的嬰兒，大都能展露可愛的笑容。

能在捷運站幫助別人是件很愉快的事，記得有一回在忠孝復興站，遇見一位視力不好的老太太，她想去民權西路站，用不太「輪轉」的臺語再加上比手劃腳，她還是不了解該怎麼去，乾脆陪她到忠孝新生站轉乘。目送她搭上另一條路線，希望她一路平安到家。雖然耽誤了十幾分鐘，心裡卻快樂了好幾天。

在車上主動讓位給老人、小朋友、孕婦，也是同樣的心情，看見他們發自內心的微笑，心情彷彿是自己受到別人幫助。愛是大家的交集，有種說不出的溫暖與滿足感。

在臺北車站的地下道裡，人潮總如過江之鯽，匆忙是大家的共同特徵，再加上臺鐵、高鐵乘客的交會，人們似乎沒有理由放慢腳步，尤其是傍晚或黑夜時分。回家後是最幸福的時光，只有加快腳步，才能把握每個人心目中的幸福。

每當捷運列車到站前，總有一陣涼風吹在臉上，在急促的關門警告聲中，一群又一群的民眾趕著上、下車，行色匆匆的群眾，想著自己的心事或快樂的事。夾雜在人群中，用心觀察眾人的表情，也能掌握部分社會脈動，也是對社會關懷的表現。

野百合盛開的春天

野百合是長在懸崖峭壁上，於惡劣環境中綻放的美麗花朵。

青少年時期，跟隨兄姊至桃園縣復興鄉登山健行，在拉拉山神木群尚未正式對外開放前，想一睹巨木群丰采，得長途跋涉，清晨從前一晚落腳的三光國小出發，再回到住宿地點已是黑夜。

拖著疲憊的步伐，摸黑走在山區步道上，是當時難忘的記憶。巨木群固然引發大家的讚嘆與驚奇，經過負離子與芬多精的沐浴，也使精神感到煥然一新。更覺得珍貴的是，在山谷的石頭縫中，或森林的角落裡，不經意發現的紅白相間花朵，在萬綠叢中顯得高雅珍貴，那是生平第一次欣賞野百合花。

野百合又稱臺灣百合或鐵砲百合，依相關文獻報導，生長於臺灣北部高山或濱海地區，其中以沿海小島如基隆嶼或彭佳嶼最為常見。每年三至六月，在小島的迎風面上，均可見野百合的芳蹤，白色的花朵，附帶紅褐色的斑紋，比市面上常見的香水百合更加脫俗不凡。在它生長的海邊灌木叢裡，冒出一朵朵鮮豔花朵，除了能點綴周邊枯燥的景物外，也能顯示惡劣環境中，傲然挺立的獨立遺世精神。

近年因為工作上的需要，常往山上或海濱走，當車子行走在險峻的山之巔、海之濱，常在不經意中發現盛開的野百合，帶給疲憊的身心幾許驚喜。有一次經過新北市三芝山區的一座小廟，竟發現野百合生長在土壤貧瘠又缺水的屋頂，令人感動莫名；在宜蘭靠海的山區健走時，也常發現野百合的燦爛花朵，與抗旱能力強的仙人掌毗鄰而生。難以想像，在缺水以及土壤稀少的環境裡，它是以何等堅強的意志力，來對抗夏日的豔陽；冬天東北季風吹襲的時候，又需要何等生存意志，才能在寒風中緩緩成長，默默將養分儲存在地底下的球莖裡，等待春天綻放美麗的花朵。

在淡水工作的時候，將部隊營區裡生長，但散落四處的野百合幼苗，集中在一處小花圃中。半年後，這些原生於彭佳嶼小島的野生花卉，竟然在花圃裡開滿花朵，迎風搖曳、爭奇鬥豔，特別是在淡水夕陽的照耀下，美麗動人。遠觀時，被它們旺盛的生命力所折服；近看時，除了色彩上的賞心悅目，更多了淡淡馨香。

二〇一一年夏天，從多雨的淡水調至南臺灣的左營工作，行囊中帶著一個野百合開花後長成的細長果實，扁平的黑色小種子存在裡頭，它們在枝頭上時便已晒乾，只要一陣風，便會四處飛散。抱著姑且一試的心情，將種子撒在兩個小花盆裡，兩個月後終於長出幾片小葉子。在勤於澆水、施肥的栽培下，種子紛紛發芽茁壯。當葉子擠滿小花盆後，決定移植到海邊土地上，只為了在南臺灣的海濱，見證野百合堅韌的生命力。

再從左營調回臺北時，還是蕭瑟的冬天，海邊庭院裡的野百合仍是一片綠色枝椏。當南部的伙伴電話告知，長了幾個花苞時，心中有股莫名的感動。只遺憾不能目睹它們的丰采，交代伙伴們一定要拍照存證。近期為了處理私事前往高雄，終於能專程去看看栽種的野百合。在專人悉心照料下，野百合竟在海濱的庭院裡怒放，花苗上結滿了一串串花苞。早開的花凋謝後，花萼繼續長成細長的果實，一顆果實中有千百個小種子，可培養成一座小花圃。

當春天過去，花圃裡採收的種子將在鄰近的土地上繼續播種，成為大型花圃。野百合並非花市裡的要角，平常只在海濱峭壁偶見，卻也能在人工栽培下大放異彩。只要觀賞的人能回想它不平凡的身世，這些花朵也就不虛此生了。

雖然見過陽明山花季的火紅櫻花，也曾在臺北河濱公園的花卉博覽會中，感受百花齊放的驚豔，但在筆者心目中，野百合盛開的花圃裡，才能找到最值得珍惜的春天。

——原載於《青年日報》（2013.8.3）

水果與性格

我們所居住的寶島臺灣，一年四季盛產各類水果，所以有「水果王國」的雅稱。就拿兒時常見的蓮霧來說，如同樹梢上的小鈴鐺，必須學會爬樹的本領才能品嘗它的美味，因為兒時的蓮霧樹又高又大，夏天可遮蔭。聽說現在的蓮霧栽種早已改為網室栽植，黑珍珠蓮霧上市十年，也進化為黑鑽石，到如今還有又紅又大、子彈形狀的蓮霧，甜美多汁是它們的特點。嗜吃蓮霧者，一定是能掌握當下，努力追求幸福的人。

芭樂是臺灣常見的水果，筆者小時候只有個頭很小的土芭樂，味道較為苦澀，卻有特殊香氣，不若現在的改良芭樂，白白胖胖、鬆軟甜脆。早些年常見的土芭樂，在市場裡可遇不可求，每次發現它，總會刻意買幾顆帶回家享用，藉以表達對已逝母親的懷念。母親特別喜歡吃有鳥類啄痕的芭樂，她說小鳥愛吃的一定沒有農藥。回想她說的話，確是農村生活的寶貴經驗。唯有小心謹慎、堅毅不拔的人，才會喜愛質地堅硬的水果吧！

五、六〇年代的臺灣，曾經被稱為「香蕉王國」。臺灣生產的香蕉既大又美，深獲日、韓等國喜愛，記得一九八二年，還是海軍官校三年級學生，在「陽字號」艦艇訓練時，因為香蕉盛產而滯銷，成為勞軍品，艦上艙間堆滿了香蕉，卻乏人問津。一九八三年再搭陽字號赴韓國敦睦遠航，艦上有限的香蕉，可與韓國華僑交換既美麗又香甜的草莓、水梨等，留下深刻的印象。這種不費工夫、剝皮即可大快朵頤的水果，深獲筆者喜愛，或許是喜歡化繁為簡，凡事追求效率的個性使然。

橘子與柳橙則是臺灣冬季最常見的水果，剝皮或切塊後食用，富含大量維他命C，酸酸甜甜，滋味也有多種層次。然而，在食用之前，不免先猜想它的味道，似乎是多疑的人較為適合。相較於其他水果，去皮之前必先經過思考的程序。所幸在農民的努力下，既酸又苦的橘子或柳橙，已不常見。

食用時必須去皮與吐核的水果，則是荔枝與龍眼了。傳說中荔枝是古時楊貴妃的最愛。這兩種水果，具備豐潤甜美的特性，必然是追求極致享受者的最愛。在入口即化，甜美湧上心頭的同時，可以忘卻人生中所經歷的苦楚與艱難。特別是在今日農業改良後，種子越來越小，「玉荷包」或「糯米荔枝」即是最佳例子，假如有一天，「糯米芒果」成為市面上的新寵，就不得不向臺灣辛勤的農民獻上最敬禮了。

記得曾經多次乘車經過南迴公路，屏東楓港附近的河谷種滿西瓜，令人嘆為觀止。當堆積如山的西瓜出現在眼前，立即有股甜蜜而清涼的感覺，再沒有比西瓜更消暑的水果了。狼吞虎嚥，正是吃西瓜最過癮的感覺，假如不是個性豪邁和率真的人，吃西瓜就少了一種味道。

蘋果象徵平安，橘子代表吉利，棗子又帶有早生貴子的含意，適合做為禮敬祖先或神明的水果。堅硬而費勁的芭樂不能擺在供桌上，這是長輩的叮嚀，不能遺忘。各種水果適合不同性格的人，吃水果時，也不能忘記農民的辛勞。住在物產豐隆的臺灣，各種水果都能帶來幸福感受，不論何種水果，都有不同療癒效果。仔細思考並研判水果與性格的關係，確有不少樂趣。

家書

最近整理家中雜物時，意外發現幾件塵封多年的家書，泛黃的信封與信紙，默默吐露著歷歷往事……

這幾封家書是當年念軍校時，父親的手稿。三十多個年頭已過，父親也已回歸天鄉，拿在手上，蒼勁的字體躍動在眼前，沒有喜悅的感覺，卻引發深深的懷念。想起父親的生平與教誨，不禁潸然淚下。

記得民國六十五年從國中畢業時，第一次長期離開出生地——中壢，前往遠在高雄鳳山的預校就讀。連上的隊職幹部面對一大群十五、六歲的大孩子，除了無微不至的照顧外，還要求大家每週寫信回家報平安。我們這群活潑好動的學生，晚上不能外出，利用晚自習的時間寫家書，成了每天最想家的時刻。

當年的鳳山市郊還是一大片低矮房子，預校旁邊有一望無際的甘蔗田，每天傍晚倚著欄杆，眺望那片原野，剛完工的中船公司（現為臺船公司）巨大吊桿是原野外的地標。大男孩們誰不想家呢？只有偶爾收到的家書，是心靈上的重要慰藉。

從紙箱中取出年代最久遠、紙張已斑駁的家書，上頭寫著「樹兒：你到預校報到已一個多月，就學的情況僅能由書信中得知一二，生活、飲食起居可以自行照料嗎？雖接受軍事化的管理，亦勿忘充實自己的學問，須知學識為軍人成功的必要條件。數日前余度過七十歲生日，你兄姊均代你遙祝余生日快樂，諸兒女能體會為父對你之思念，甚慰！雖相隔數百公里，彷彿你就在身邊，你母親常因思念你的近況而夜不成眠……」，看完這封數十年前的信，思緒澎湃洶湧，沒料到當年妥慎保管的信件，又再次敲動深藏在腦海中的記憶。

「樹兒知之：頃獲來信，得知吾兒已平安抵達陸軍官校，並開始接受為期三個月之入伍教育，內心甚慰。進入官校，表示你已長大成人，必須進一步能忍受辛苦，方能成就軍人志業，操課之餘，應注意身體保健為要……余與你母親身體均安康，勿念！父字」。上一代的長輩對於感情表達較為保守，寧可讓兒女在接受磨練後，造就面對人生挑戰的能力，卻又在字裡行間掩飾不住對兒女的關懷。相較於現今各個年輕人都是父母捧在手心上的寶，敢直接表達愛。在物資缺乏的那一代，含莘茹苦，扶持兒女長大的浩瀚恩澤，更值得子輩們永久感念。

也許是倔強的個性使然，從預校到官校的家書裡，絕口不提訓練的辛苦、繁重課業的煎熬。勇於承受辛苦的軍校學生，才能鍛鍊成一位抗壓耐磨的軍官，至少當年是這麼想的。

唐代詩人杜甫在〈春望〉中寫道：「烽火連三月、家書抵萬金」，描述戰火延續到次年的三月，消息隔阻，家書成了無價之寶。對於四、五年級的資深軍人或幾十年前服兵役的人來說，在部隊確能感受這樣的心情。居無定所、四處演習、駐防的生活，對妻兒的思念，也只有當年的軍人與眷屬，對這首詩感同身受。

拜現代科技之賜，通信工具發達，父母與子女可透過各種方式傳達思念與溝通。郵差投遞的書信已越來越少人運用，但能永久保存的紙本家書，仍是彌足珍貴的紀念品。用手機簡訊，能立即傳達問候或恭賀；互動式的 LINE，更能用精美的貼圖，表達當下的心情。這些無遠弗界的工具，雖然取代了家書，但家人的真心關懷，卻是永遠不變的無價親情。

——原載於《青年日報》（2014.12.10）

附錄

丘樹華寫作年表

一九七〇年　第一次投稿〈小黃與我〉獲《桃縣兒童》刊載。

一九七一～一九七六年　多次投稿《國語日報》獲刊載。

一九七六～一九八二年　多次投稿中正預校校刊《中正青年》、《中央副刊》及《青年日報副刊》獲刊載。

一九八三年　擔任海軍官校校刊《海軍軍官》主編及文藝創作社團社長。

一九八七年　撰寫〈摯愛〉一文獲第二十三屆國軍文藝散文銅像獎。

一九九八年　撰寫〈戀海心　戀土情〉一文獲第三十四屆國軍文藝散文銅像獎。

一九九九年　撰寫〈南疆夢痕〉一文獲第三十五屆國軍文藝報導文學銅像獎。

二〇〇三年　發表第一本著作《分秒必爭——危機救難總動員》，由幼獅文化公司出版。

二〇一二年　發表第二本著作《迎風巡航——拉法葉艦航海日誌》，由幼獅文化公司出版。

二〇一三年　發表第三本著作《海濱散記》，由幼獅文化公司出版。

二〇一二～二〇一四年　作品數十篇刊載於《青年日報副刊》。

二〇一五年　發表第四本著作《綺麗的旅程》，由幼獅文化公司出版。

國家圖書館出版品預行編目資料

綺麗的旅程 / 丘樹華著. -- 初版. -- 臺北市： 幼獅,
2015.03
面； 公分. -- （散文館；15）

ISBN 978-957-574-989-7（平裝）
1.遊記 2.世界地理

719 104001354

・散文館015・

綺麗的旅程

作　　者＝丘樹華
出 版 者＝幼獅文化事業股份有限公司
發 行 人＝李鍾桂
總 經 理＝王華金
總 編 輯＝劉淑華
副總編輯＝林碧琪
主　　編＝林泊瑜
編　　輯＝朱燕翔
美術編輯＝李祥銘
總 公 司＝(10045)臺北市重慶南路1段66-1號3樓
電　　話＝(02)2311-2832
傳　　真＝(02)2311-5368
郵政劃撥＝00033368

門市
・松江展示中心：(10422)臺北市松江路219號
電話：(02)2502-5858轉734 傳真：(02)2503-6601
・苗栗育達店：36143苗栗縣造橋鄉談文村學府路168號（育達科技大學內）
電話：(037)652-191 傳真：(037)652-251

印　刷＝祥新印刷股份有限公司
定　價＝250元
港　幣＝83元
初　版＝2015.03
書　號＝986269

幼獅樂讀網
http://www.youth.com.tw
e-mail:customer@youth.com.tw

行政院新聞局核准登記證局版臺業字第0143號

幼獅文化公司／讀者服務卡／

感謝您購買幼獅公司出版的好書！

為提升服務品質與出版更優質的圖書，敬請撥冗填寫後（免貼郵票）擲寄本公司，或傳真（傳真電話02-23115368），我們將參考您的意見、分享您的觀點，出版更多的好書。並不定期提供您相關書訊、活動、特惠專案等。謝謝！

基本資料

姓名：____________先生／小姐

婚姻狀況：□已婚 □未婚　職業：□學生 □公教 □上班族 □家管 □其他

出生：民國______年______月______日

電話：（公）______（宅）______（手機）______

e-mail：______

聯絡地址：______

1.您所購買的書名：**綺麗的旅程**

2.您通常以何種方式購書?：□1.書店買書 □2.網路購書 □3.傳真訂購 □4.郵局劃撥
（可複選）□5.幼獅門市 □6.團體訂購 □7.其他

3.您是否曾買過幼獅其他出版品：□是，□1.圖書 □2.幼獅文藝 □3.幼獅少年
□否

4.您從何處得知本書訊息：□1.師長介紹 □2.朋友介紹 □3.幼獅少年雜誌
（可複選）□4.幼獅文藝雜誌 □5.報章雜誌書評介紹______報
□6.DM傳單、海報 □7.書店 □8.廣播(　　　)
□9.電子報、edm □10.其他______

5.您喜歡本書的原因：□1.作者 □2.書名 □3.內容 □4.封面設計 □5.其他

6.您不喜歡本書的原因：□1.作者 □2.書名 □3.內容 □4.封面設計 □5.其他

7.您希望得知的出版訊息：□1.青少年讀物 □2.兒童讀物 □3.親子叢書
□4.教師充電系列 □5.其他

8.您覺得本書的價格：□1.偏高 □2.合理 □3.偏低

9.讀完本書後您覺得：□1.很有收穫 □2.有收穫 □3.收穫不多 □4.沒收穫

10.敬請推薦親友，共同加入我們的閱讀計畫，我們將適時寄送相關書訊，以豐富書香與心靈的空間：

(1)姓名______e-mail______電話______

(2)姓名______e-mail______電話______

(3)姓名______e-mail______電話______

11.您對本書或本公司的建議：

廣 告 回 信
臺北郵局登記證
臺北廣字第942號

請直接投郵 免貼郵票

10045 臺北市重慶南路一段66-1號3樓
幼獅文化事業股份有限公司

請沿虛線對折寄回

客服專線：02-23112832分機208 傳真：02-23115368
e-mail：customer@youth.com.tw
幼獅樂讀網http：//www.youth.com.tw